W0049521

24/38

BIRGIT NEUSSER

HANDGEMACHTES GLÜCK

BIRGIT NEUSSER

HANDGEMACHTES GLÜCK

KOCHEN, DEKORIEREN UND FEIERN IM SÜDWESTEN

Die Landfrau

Silberburg-Verlag

DIESES BUCH WIDME ICH MEINER GROSSMUTTER MARIA,
DIE MIR GEDULDIG UND LIEBEVOLL
DIE GROSSE KOCH-, BACK- UND NÄHKUNST BEIBRACHTE.

Wie lieb du mir im Herzen bist

Wenn die Zeit auch Flügel hat
und hastig damit schwingt,
Vergangenheit wird Gegenwart,
weil die Erinnerung sie bringt.

Eduard Staudinger

INHALT

HALLO,

ich bin Birgit Neußer, lebe und koche in Stuttgart und widme mich mit Leib und Seele dem Thema Essen. Bereits in eine Familie hineingeboren, die pausenlos vom Essen spricht oder gerade welches zubereitet, und gesegnet mit einer Großmutter, die wunderbar backen und einkochen konnte, ist es also kein Wunder, dass ich heute professionell den Kochlöffel schwinge.

Für meine Manufaktur »Die Landfrau« kreiere ich Rezepte rund ums Eingemachte und gebe Koch- und Kreativkurse. Die Begeisterung und Leidenschaft für gutes Essen fließen in meinen Foodblog »Die Landfrau« ein.

www.dielandfrau.com

ESSEN
GUT
ALLES
GUT

Küchengöttin

BÄRLAUCH

Es steht der Bärlauch
still am Wegesrand

Gehst du vorüber
bleibt er unerkannt

Doch hebt er Gaumen
über Zunge
hin zum Himmelreich

Es steht der Bärlauch:
Höchste Zeit!

Ernst Bohne

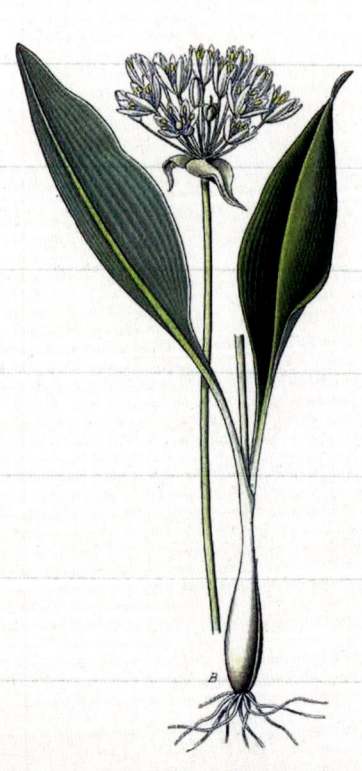

BÄRLAUCHBLÜTEN-SALZ

Das intensive Aroma des Wildknoblauchs macht sich wunderbar würzig in Salaten oder auf Gegrilltem. Das Salz lässt sich hervorragend in Gläser abfüllen, so seid ihr das ganze Jahr über gut versorgt mit feinstem Bärlauchblüten-Salz.

200 g gutes Meersalz

50 g Bärlauchblüten

1 TL Zesten von 1 Bio-Zitrone

1 Die Bärlauchblüten fein hacken und mit dem Salz vermengen. Zesten von Bio-Zitrone schneiden und unter das Salz mengen.

2 Nun im Dörrautomat oder im Backofen bei 60 bis 70 Grad etwa 1 Stunde trocknen. Schon ist euer Salz fertig und kann in saubere Gläser abgefüllt werden.

RINDERSTEAK MIT BÄRLAUCHBLÜTEN-BUTTER UND BALSAMICO-GEMÜSE

BÄRLAUCHBLÜTEN-BUTTER

Bärlauchblüten-Butter ist schnell selbst gemacht und sorgt bei Grillabenden durch ihr intensives Aroma jedes Mal für einen großen Wow-Effekt. Anstatt der Bärlauchblüten könnt ihr ebenso die Bärlauchblätter, andere Kräuter oder essbare Blüten wie Ringelblume, Estragon, Kerbel oder Pimpinelle verwenden.

Gefroren ist die Butter wunderbar für weitere Grillabende geeignet und kann schon Tage zuvor zubereitet werden.

250 g Butter

1 Hand voll Bärlauchblüten

1 Teelöffel Zitronenabrieb

1 Teelöffel grobes Meersalz

1   Meersalz in die weiche Butter geben und verrühren.

2   Die Bärlauchblüten gut waschen, klein schneiden und mit dem Zitronenabrieb in die Butter geben.

3   Die fertige Bärlauchblüten-Butter in Frischhaltefolie löffeln und in der Folie rund formen, alternativ in Pralinenförmchen oder Eisbecher füllen.

4   Eine Stunde im Kühlschrank fest werden lassen und in Scheiben geschnitten auf Fleisch oder Gemüse genießen.

RINDERSTEAK MIT BALSAMICO-GEMÜSE

4 Rindersteaks (am besten Hohenloher Rind)

Öl zum Anbraten der Steaks

8 Karotten

200 g kleine Kartoffeln

1 EL Balsamico-Essig

2 TL Senf

1 TL Honig

2 EL Weißwein

1 Tasse Wasser

2 EL Olivenöl

Salz und Pfeffer

Bärlauchblüten-Butter
(siehe Rezept Bärlauchblüten-Butter)

1   Karotten und Kartoffeln schälen und der Länge nach halbieren und alles in eine Auflaufform geben.

2   Nun mischt ihr den Balsamico-Essig mit Senf, Honig, Wein, Wasser und Olivenöl und gebt Salz und Pfeffer dazu.

3   Alles im vorgeheizten Ofen bei 180 Grad etwa 45 Minuten garen, bis die Kartoffeln und Karotten weich sind. Zwischendurch immer mal wieder wenden. Gegebenenfalls nochmals etwas Wasser zugeben.

4   Euer Steak anbraten und eine Scheibe der Bärlauchblüten-Butter auf das heiße Fleisch legen.

MISPEL-APFEL-MARMELADE

Die Mispel, eine zu den Rosengewächsen gehörende Frucht, trifft man in deutschen Obstgärten leider kaum mehr an. Umso mehr die asiatisch-südländische Variante, die in gekochter Form geschmacklich an Hagebutte erinnert und im Frühling in »südländischen« Läden zu haben ist. In Deutschland reifen die Mispeln erst im Spätherbst und sollen nach dem ersten Frost geerntet werden. Egal welche Sorte ihr wählt, ihr werdet über das feine Aroma staunen. Also haltet die Augen danach offen.

1 kg Mispeln

4 Äpfel

Saft 1 Orange

Saft 1 Zitrone

1 Sternanis

1 kg Zucker

1 EL Pektinpulver

1 Die Mispeln waschen und vierteln und samt dem Kerngehäuse in einen Topf geben.

2 Knapp mit Wasser bedecken und eine Stunde mit dem Sternanis auf kleiner Flamme kochen.

3 Wenn die Mispeln ganz weich gekocht sind, durch ein Sieb passieren.

4 Nun den Saft einer Orange und einer Zitrone zugeben.

5 Äpfel schälen, Kerngehäuse rausschneiden, Äpfel in kleine Stücke schneiden und dem Mispelmus zugeben.

6 Mit dem Zucker nochmals 25 Minuten unter Rühren einkochen.

7 Nun eine Gelierprobe machen. Da der Pektingehalt variiert, evtl. zum Gelieren noch etwas Pektinpulver mit kaltem Wasser anrühren und der Masse zugeben. Noch einmal aufkochen und wenn die Marmelade die richtige Konsistenz hat, in sterilisierte Gläser abfüllen.

LAVENDELKÄFER

Wenn ich eingeladen bin oder mich mit einer Freundin treffe, habe ich immer ein kleines selbst gemachtes Geschenk dabei. Die Lavendelkäfer sind schnell genäht, halten Stechmücken und Motten fern und geben erholsamen Schlaf. Bei mir liegen sie im Kleiderschrank und unter dem Kopfkissen und lassen mich so immer wieder von der Provence und der Bretagne träumen.

1   Schneidet aus den Stoffen etwa 8 cm große Kreise oder 10 x 7 cm große Rechtecke aus. Das Ganze zweimal, für die Ober- und für die Unterseite.

2   Zuerst wird der Stoff mit Textilstempelfarbe gestempelt. Ihr könnt Namen daraufschreiben, Sprüche oder einen Tiermotivstempel wählen. Haltet 1,5 cm Platz zum Außenrand, da ihr ja noch eine Naht setzen müsst. Das fertig gestempelte Stoffstück wird gebügelt, so dass die Farbe haltbar wird.

3   Wer mag, kann den äußeren Rand einschlagen und mit Zick-Zack-Stich umnähen, es geht aber auch ohne diesen Arbeitsschritt. Mit Bleistift zeichnet ihr die Linie ein, auf der ihr nähen wollt. Diese befindet sich etwa 0,7 cm vom Rand. Für die Naht verwende ich einen Faden in anderer Farbe, dieser hebt sich farblich schöner ab.

4   Ihr näht einmal herum, spart aber etwa 4 cm aus, um mit einem Teelöffel noch 3 bis 4 TL Lavendel einfüllen zu können. Nach dem Einfüllen weiternähen, bis die Fäden wieder aufeinandertreffen. Den Faden vernähen und schon ist euer Lavendelkäfer fertig zum Verschenken und um anderen eine Freude zu bereiten.

Hierfür benötigt ihr:

Stoffreste

Schere

Nähmaschine

Nähnadel

Nähgarn

Stempel

Textil-Stempelfarbe

Bügeleisen

Lavendelblüten

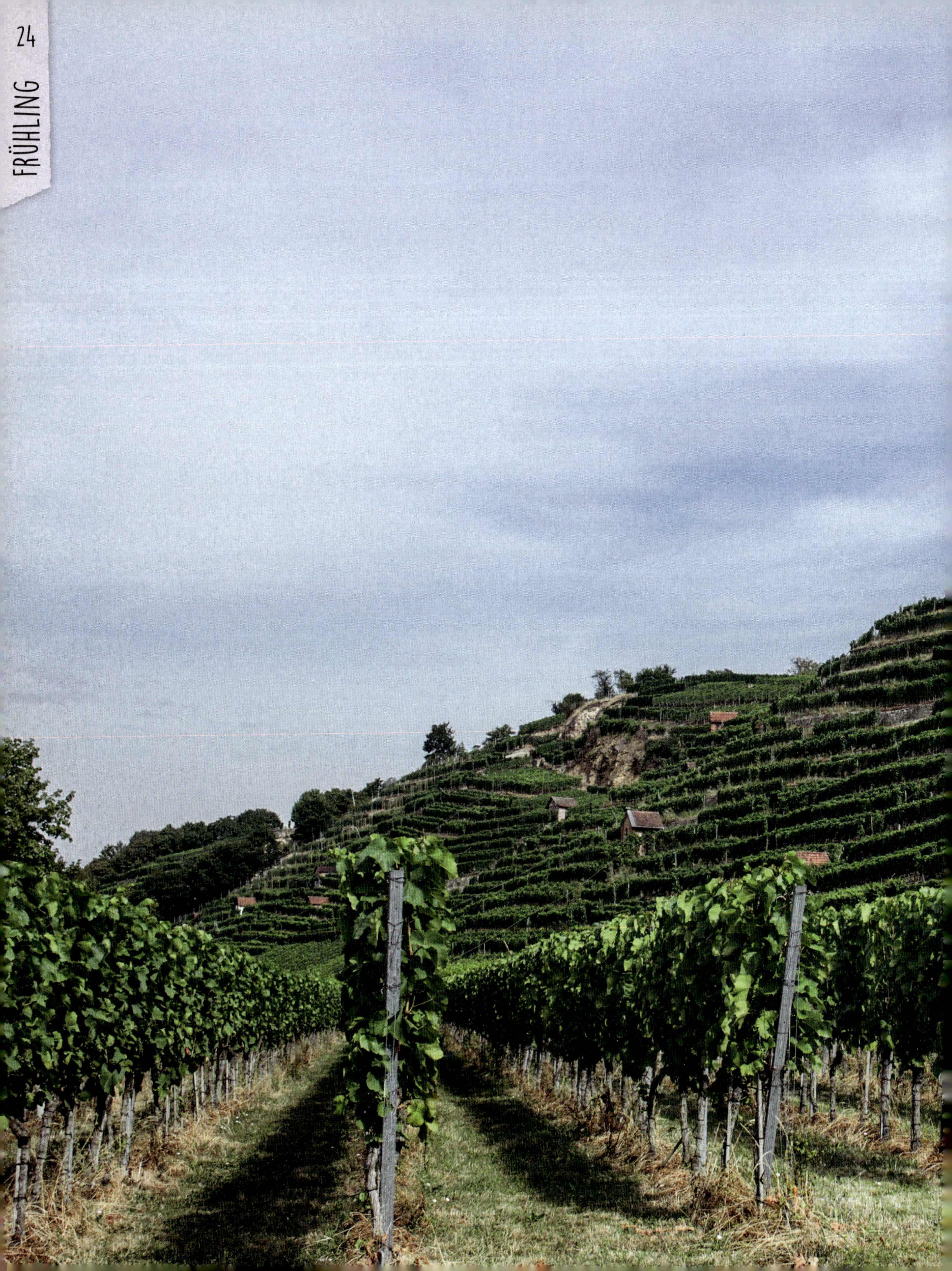

GEFÜLLTE WEINBLÄTTER

In Stuttgart in der Siemensstraße haben sich viele türkische Händler angesiedelt. Dort liebe ich es, einkaufen zu gehen, was gewiss an der Freundlichkeit der Menschen liegt und am herrlich reifen Gemüse und Obst. Hier will ich euch ein türkisches Gericht präsentieren, das ich aus den Weinblättern aus meinem Garten im Stuttgarter Norden zubereitete. Eine deutsch-türkische und zudem sehr wohlschmeckende Vorspeise, die perfekt mit der scharfen Kaupakapaka-Sauce (Rezept Seite 70) oder mit Zaziki und Fladenbrot harmoniert.

1. Die Weinblätter gut waschen und von den Blattstängeln befreien. Die Weinblätter blanchiert ihr für 5 Minuten in sanft kochendem Wasser. Danach werden sie vorsichtig in kaltem Wasser abgeschreckt. Lasst sie in einem Sieb abtropfen.

2. Nun schneidet ihr die Paprika, Aubergine und die Tomaten in Würfel. Die Zwiebel ebenfalls klein würfeln und in einer Pfanne mit Bratöl glasig dünsten.

3. Das Hackfleisch hinzugeben. Einmal gut anbraten, dann das Gemüse, den Saft einer Zitrone und die durchgedrückte Knoblauchzehe mit in die Pfanne geben. Den Reis waschen und ungekocht der Masse zugeben. Mit einem TL Salz und Pfeffer würzen und die frisch gehackten Kräuter unterheben. Ein Glas Wasser zugeben.

4. Eine Auflaufform mit Weinblättern auslegen.

5. Die Weinblätter mit der Blattspitze und der rauen Seite nach oben auf ein Brett legen und einen Teelöffel der Füllung (Füllung entsprechend der Blattgröße), in die Mitte des Blattes setzen. Nun klappt ihr erst von unten hoch, dann die Seitenteile links und rechts ein. Anschließend rollt ihr die Weinblätter ganz eng und legt sie mit der offenen Seite nach unten dicht aneinander in die Auflaufform. Ihr könnt die Röllchen alternativ auch auf dem Herd zubereiten.

6. Nun zum Abdecken 8 bis 10 Weinblätter auf die Seite legen. Sie schützen davor, dass die Röllchen im Ofen nicht zu sehr austrocknen.

7. Wenn alle Weinblätter gefüllt sind, wird Olivenöl über die Weinblätter gegeben. Eine Zitrone wird in Scheiben geschnitten und auf die Weinblätter gelegt. 300 ml Gemüsebrühe über den Röllchen verteilen.

8. Zum Schluss mit Weinblättern abdecken. Das verhindert, dass die Weinblätter austrocknen.

9. Im vorgeheizten Backofen bei 180 Grad etwa 10 Minuten und dann bei 160 Grad weitere 30 Minuten garen. Probiert ein Röllchen: Wenn der Reis gar ist, sind sie fertig.

ZUTATEN

etwa 35 Weinblätter, die größten, die eure Rebe hergibt. Alternativ in türkischen Läden zu beziehen.

150 g Langkornreis

2 große geschälte Tomaten

1 Zwiebel

1 Knoblauchzehe

1 kleine Aubergine

1 Paprika

250 g Hackfleisch

etwa 20 Blättchen Minze

2 TL frischen Dill

2 EL Bratöl

3 EL Olivenöl

2 TL Salz

Pfeffer

300 ml Brühe zum Aufgießen

2 Bio-Zitronen

FISCH-MANGO-CURRY MIT KOKOSREIS UND FISCHE FÜR DIE TISCHDEKORATION

So schmeckt Urlaub! Für all diejenigen, die wie ich Ingwer und Chili lieben, habe ich dieses Rezept kreiert. Ihr könnt jedes beliebige Fischfilet dafür verwenden. Gut eignen sich auch heimische Fische wie Zander, Wels oder Bodensee-Felchen. Achtet bei der Mango darauf, dass sie reif ist. Die Süße gibt dem Gericht eine tolle exotische Note.

Damit ihr euren Tisch fischgerecht decken könnt, habe ich Fische für euch gezeichnet. Den Download gibt es im »DIY«-Bereich meines Blogs www.dielandfrau.com. Einfach auf festem Papier ausdrucken und ausschneiden.

FISCH-MANGO-CURRY

Den Fisch legt ihr am besten bereits einen Tag vorher in der Marinade ein. Dann kann er richtig gut durchziehen und schmeckt noch intensiver.

1 Hierfür die Fischfilets in mundgerechte Stücke schneiden.

2 Kurkuma, Zimt, Kardamompulver, Nelkenpulver, Abrieb der Bio-Zitrone, den Zitronensaft, Salz, Knoblauch und das Erdnussöl vermengen und den Fisch darin wenden. Im Kühlschrank über Nacht marinieren.

3 Am nächsten Tag die Frühlingszwiebel klein schneiden und in neutralem Öl anbraten. Klein geschnittene Peperoni und Chilischote zugeben und mit den Fenchelsamen, dem Schwarz- und Kreuzkümmel kurz anbraten.

4 Den Fisch samt Marinade und die geschälte, klein gewürfelte Mango zugeben. Die Kokosmilch mit einer Tasse Wasser mischen und unterrühren. Alles etwa 10 Minuten mit Deckel garen. Nicht mehr umrühren, da der Fisch sonst zerfällt.

5 Mit frischem Koriander oder gerösteten Cashewnüssen servieren.

KOKOS-REIS

1 Gebt den gewaschenen Reis in einen Topf.

2 Kokosmilch, Wasser, Salz, Butter und Kardamomkapseln zugeben.

3 Lasst den Reis einmal aufkochen und schaltet den Herd dann auf kleine Flamme. Zwischendurch mal umrühren und evtl. noch Wasser zugeben. Nach etwa 10 Minuten ist der Reis gar. Die Kardamomkapseln vor dem Verzehr entfernen.

MARINADE FÜR FISCH

1 TL Kurkuma, etwas Zimt,
Kardamompulver, Nelkenpulver

Saft und Abrieb von zwei
Bio-Zitronen

1 TL Salz

2 Knoblauchzehen

1 TL Erdnussöl

FISCH-MANGO-CURRY

500 g Fischfilets

2 Frühlingszwiebeln

1 scharfe rote Chilischote

2 grüne Peperoni

1/2 TL Fenchelsamen

1/2 TL Schwarzkümmel

1/2 TL Kreuzkümmel

300 ml Kokosmilch

1 Tasse Wasser

1 Mango

1 Bund frischer Koriander

Cashewnüsse

Öl

KOKOSREIS

2 Tassen Basmatireis

100 ml Kokosnussmilch

200–300 ml Wasser

1 TL Salz

1 TL Butter

2 Kardamomkapseln

OSTERTIERE AUS PAPIER

Eier an den Strauch hängen kann ja jeder. Ich habe lustige Ostertiere für euch gezeichnet, die im Frühling gerne an blühenden Zweigen hängen. Den Download gibt es im »DIY«-Bereich meines Blogs www.dielandfrau.com

Papierschere

festes Papier zum Ausdrucken

Musterpapier zum Bekleben der Rückseite

ein paar Zweige zum Hinhängen

Nadel und weißen Faden zum Aufhängen

Klebestift

1 Druckt die Ostertiere auf festem Papier aus und klebt sie dann mit Klebestift auf das Musterpapier. Dann sieht die Rückseite hübscher aus, wenn sich der Vogel am Zweig dreht.

2 In diesem Zustand lege ich sie über Nacht unter einen Stapel Bücher, damit sie sich beim Trocknen nicht wölben.

3 Nach ein bis zwei Tagen könnt ihr sie in Form schneiden.

4 Mit der Nadel piekst ihr ein Loch durch das Ostertier und zieht einen weißen Faden durch. Den Faden verknoten und ab damit an den Osterzweig.

Gesundheitstipp:

Spinat enthält Beta-Carotin, Kalium und Eisen.
Um die Eisenaufnahme im Körper zu verbessern,
verwendet frischen Orangensaft im Dressing. Durch
das Vitamin C verwertet dein Körper die Nährstoffe
besser.

SPINATSALAT MIT HONIGHÜHNCHEN UND HIMBEER-DRESSING

1 Die Hähnchenbrust klein schneiden und über Nacht in der Marinade aus Öl, zerdrücktem Knoblauch, Chiliflocken, Honig und Salz einlegen.

2 Die kleingeschnittene Hähnchenbrust in Öl vorsichtig anbraten und aufpassen, dass der Honig nicht in der Pfanne anbrennt. Das Hühnchen etwas auskühlen lassen.

3 Den Spinat, die Tomaten, die Sprossen und die Heidelbeeren waschen und abtropfen lassen. Den Mozzarella in Stücke teilen.

4 Den Saft einer Orange mit den Himbeeren kurz aufkochen und durch ein Sieb passieren. Den Agavendicksaft, einen Teelöffel Senf, Salz, Pfeffer und die Öle zugeben.

5 Den Salat, das Hühnchen, die Tomaten und den Mozzarella in einer Schüssel anrichten. Das Dressing darauf verteilen und mit Sprossen und Heidelbeeren verzieren.

1 Hähnchenbrust (am bestem vom Hohenloher Landgockel)

100 g Baby-Spinat

1 Büffel-Mozzarella

2 EL Rote-Bete-Sprossen

10 Cocktailtomaten

Heidelbeeren für die Dekoration

Himbeer-Dressing

1 EL Himbeeren

Saft 1 Orange

2 TL Agavendicksaft

1 TL Walnussöl

2 TL neutrales Sonnenblumenöl

1 TL Senf

Prise Salz und Pfeffer

Marinade

Chiliflocken

2 TL Honig

1 EL Sonnenblumenöl

1/2 TL Salz

1 Knoblauchzehe

HOLUNDER

In Bayern, wo meine Großmutter herkommt, nennt man den Holunder »Holler«. Im Hollerbusch, so eine Sage, lebt die Göttin Holla. Und so pflege ich von jeher den Brauch, mich bei Holla zu bedanken, wenn ich mich an ihren hübschen und vor allem wohlschmeckenden Blüten bereichert habe.

Holunderbüsche wachsen gerne nahe an Häusern und so habe ich das Glück, dass ich gleich zwei Büsche in meinem Garten habe und mich an einer reichen Ernte erfreuen kann. Bajuwarische Hollerkiacherl will ich euch vorstellen, klassischen Holunderblütensirup und dann noch die Steigerung – einen Hollerrausch für laue Sommerabende.

Sommer, du kannst kommen!

HOLLERKIACHERL

8–10 Holunderblüten

80 ml Weißwein (alternativ Bier, Milch, oder bei Unverträglichkeit Hafer-Sojamilch)

80 g Mehl

50 g Butter oder Fett für die Friteuse

2 Eier

2 TL Puderzucker

1 Vermengt den Weißwein mit dem Mehl und den Eiern und lasst den Teig 15 Minuten quellen. Es sollte ein dünnflüssiger Teig entstehen.

2 Die Holunderblüten ausschütteln (nicht waschen, das nimmt das gute Aroma) und in den Teig tauchen. Entweder bei 180 Grad in der Friteuse oder mit etwas Butter in der Pfanne 2 bis 3 Minuten ausbacken. Danach auf ein Küchentuch legen und das Fett abtropfen lassen.

3 Mit Puderzucker bestreuen und sogleich genießen. Nun seid ihr dem bayerischen Himmel ganz nah.

Mit dem Holunderblütensirup und der alkoholischen Variante Hollerrausch habt ihr den ganzen Sommer über wohlschmeckende Getränke. Es lohnt sich also, großzügigen Vorrat anzulegen.

Für den Hollerrausch habe ich den leicht gegorenen Holunderblütensirup mit Wodka vermengt. Das stoppt den Gärungsprozess und ich habe den ganzen Sommer über einen Holunderaperitif, der sich mit Wasser aufgießen lässt oder auch im Sekt oder Weißwein gut schmeckt. Als Bowle lässt er sich mit Erdbeeren und Minze servieren. Die Erdbeeren werden zuvor eine Stunde in einem halben Liter Hollerrausch eingelegt und dann mit Sekt aufgegossen.

HOLUNDERBLÜTENSIRUP

1 l Wasser

1 kg Zucker

20 Holunderblüten

3 Bio-Zitronen

1   Wasser kochen und den Zucker einrühren. Abkühlen lassen.

2   Holunderblüten ausschütteln (nicht waschen, da sonst der wertvolle Blütenstaub verloren geht) und in das Zuckerwasser einlegen. Die Stiele lasse ich aus dem Topf rausschauen, da sie in rohem Zustand leicht giftig sind.

3   2 Zitronen auspressen und den Saft zugeben. 1 Zitrone in Scheiben schneiden und die Scheiben ebenfalls zugeben.

4   Nach 2 Tagen die Blüten entfernen und den Sirup durch ein Sieb streichen. Für den direkten Gebrauch im Kühlschrank lagern. Wer den Sirup länger aufbewahren möchte, sollte den Sirup nochmals aufkochen und ihn dann in sterilisierte Flaschen abfüllen. Nur so könnt ihr sicher gehen, dass er nicht schimmelt.

HOLLERRAUSCH

1 l Wasser

1 kg Zucker

20 Holunderblüten

3 Bio-Zitronen

1 Flasche Wodka

Flaschen zum Abfüllen

1   Zubereitung von Holunderblütensirup (siehe Rezept Holunderblütensirup), allerdings lasst ihr die Holunderblüten noch einen Tag länger im Zucker-Zitronen-Wasser liegen. Dann werden die Holunderblüten entfernt, der Sirup durch ein Sieb gegeben und das Ganze nochmals 4 Tage lang abgedeckt bei Zimmertemperatur stehen gelassen. Nun fängt der Gärungsprozess bereits an und nimmt dem Sirup schon etwas die Süße.

2   Nach vier Tagen den Hollerrausch nochmals durch ein feines Sieb geben und ein Flasche Wodka zugeben. Den Hollerrausch in sterilisierte Flaschen abfüllen. Er hält so locker ein Jahr.

3   Der Hollerrausch schmeckt vorzüglich – mit etwas Minze, frischen Erdbeeren oder Himbeeren – mit Sekt, Weißwein oder sprudelndem Mineralwasser aufgegossen.

RHABARBER

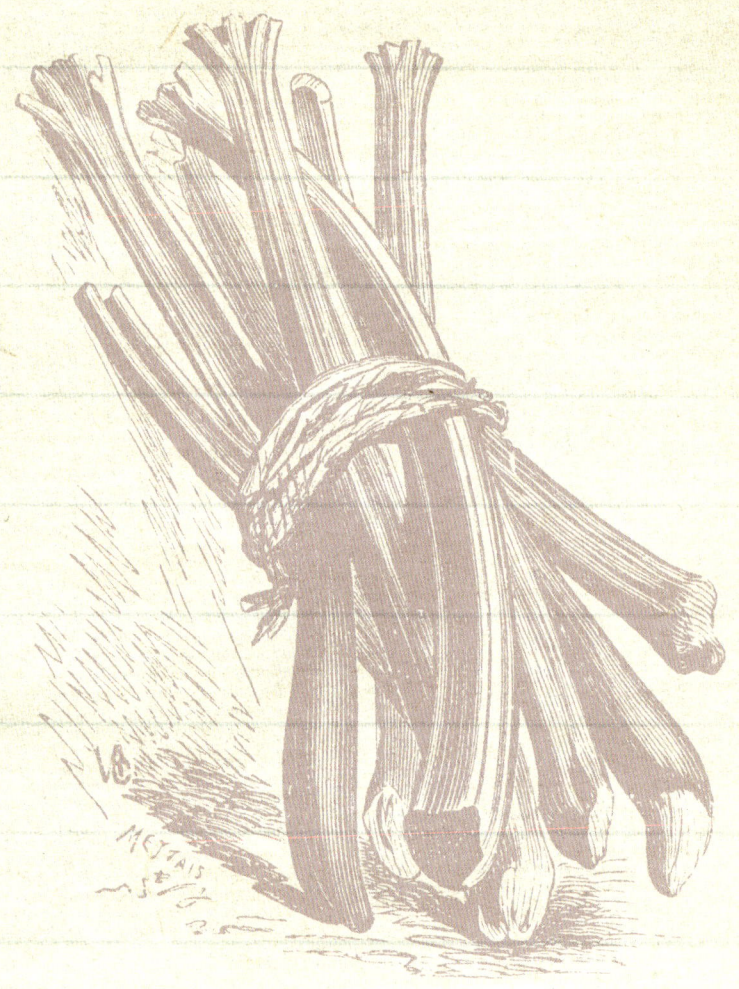

Rhubarbe.
Pétioles réd. au septième.

RHABARBERLIED

Kni-Kna-Knöterich

was erhebt im Garten sich

schmeckt sogar dem Lausebengel

prickelnd saure Blütenstängel.

Ernst Bohne

RHABARBER-
CHUTNEY

RHABARBER-CHUTNEY

Jeder Saison ihr Chutney! Im Frühjahr ist es der säuerliche Rhabarber, der eine sehr gute Grundlage für ein wohlschmeckendes Chutney bildet, das zusätzlich durch Schärfe und Süße besticht. Rhabarber-Chutney passt gut zu Fleisch, aber auch zu Ziegenkäse. Im Frühjahr könnt ihr so viel davon produzieren, dass ihr über den ganzen Sommer und die Grillsaison Vorrat habt. Der Aufwand lohnt!

Tipp:

Es gibt übrigens roten und grünen Rhabarber. Der rote Rhabarber enthält weniger Oxalsäure und schmeckt etwas milder. Rhabarber kann ab April geerntet werden. Ab Ende Juni ist der Oxalsäuregehalt in den Stangen sehr hoch und sollte nicht mehr gegessen werden.

15 Stangen Rhabarber

100 g getrocknete Cranberrys

1 Apfel

1 Habanero-Chili

2 TL Senfkörner

3 cm großes Ingwer-Stück

300 ml Rotwein-Essig

100 ml Wasser

150 g brauner Zucker

2 Zwiebeln

2 Knoblauchzehen

Zimt, Nelkenpulver, Kardamom gemahlen

1 EL Maismehl, 3 EL Wasser, Öl

1 Rhabarber waschen und ungeschält in 2 cm große Stücke schneiden.

2 Zwiebeln schälen und klein würfeln, genauso den Ingwer.

3 Die Zwiebeln in heißem Öl andünsten. Zucker darüberstreuen, bis er karamellisiert und zu bräunen beginnt. Nun den Essig einrühren, den klein geschnittenen Ingwer, die Senfkörner und den zerdrückten Knoblauch zugeben. Den Apfel schälen, Kerngehäuse entfernen, klein schneiden und ebenfalls unterrühren.

4 Die Habanero-Chili mit Einweghandschuhen klein würfeln. Rhabarber und Cranberrys zugeben. Salzen, pfeffern und würzen.

5 Auf kleiner Flamme etwa 30 Minuten simmern lassen, immer wieder umrühren, bis die Rhabarberstücke kompottartig sind und das Chutney eine schöne sämige Konsistenz hat. Sollte es noch zu dünnflüssig sein, einfach einen Esslöffel Maismehl und 3 EL Wasser mit einer Gabel vermengen und unter das Chutney rühren und nochmals aufkochen lassen. Wenn das Chutney schwer vom Löffel fällt, hat es die richtige Konsistenz und ihr könnt es in sterilisierte Gläser abfüllen.

Tipp: Wenn ihr das Mehl und die Speisestärke siebt, geht der Biskuit besser auf.

RHABARBER-ERDBEER-TRIFLE

In Neuseeland, wo meine Mutter lebt, ist der Trifle sehr verbreitet und wird gerne zu Einladungen mitgebracht. Da der Trifle mit jeder Art von saisonalem Obst hergestellt werden kann und man anstatt eines Biskuitbodens auch einfach Löffelbiskuits verwenden kann, ist er schnell herzustellen und sieht im Glasgefäß sehr hübsch aus.

1   Legt ein Backblech mit Backpapier aus.

2   Die Eier trennen. Zuerst wird das Eiweiß mit 2 EL Zucker steif geschlagen. Dann füllt ihr es in eine Schüssel um und müsst die Schneebesen nicht extra reinigen. Denn: Eiweiß darf nicht mit Eigelb in Berührung kommen, da es sonst nicht steif wird. Andersherum ist es aber kein Problem.

3   Nun verrührt ihr die Eigelbe mit 6 EL Zucker.

4   Mehl, Speisestärke und Backpulver sieben und dem Zucker-Eigelb-Gemisch zugeben. 2 EL kaltes Wasser unterrühren.

5   Den Eischnee vorsichtig unter die Eigelb-Masse heben und alles gleichmäßig auf einem mit Backpapier ausgelegten Blech verteilen.

6   Den Biskuit etwa 12 Minuten bei 180 Grad backen. Achtung: Während des Backvorgangs nicht die Ofentür öffnen! Das mag ein Biskuit nicht und er kann in sich zusammenfallen, noch bevor er richtig aufgeht.

7   Den fertigen Biskuitboden auskühlen lassen.

ZUBEREITUNG FÜLLMASSE:

1   Rührt die Sahne mit der Bourbonvanille steif.

2   Vermengt nun den Quark mit dem Mascarpone und der geschlagenen Sahne.

3   Gebt Zucker, Zitronensaft und die geriebene Zitronenschale dazu.

4   Die Erdbeeren waschen und vierteln.

5   Den Rhabarber schälen und in etwas Wasser und 2 EL Zucker 5 Minuten lang weich kochen und auskühlen lassen.

6   Den Biskuitboden entsprechend eures Gefäßes in Form schneiden. Nun wird geschichtet. Eine Schicht Biskuit, eine Schicht Rhabarber-Mus, eine Schicht Erdbeeren, eine Schicht Quark-Mascarpone-Sahne.

7   Ein paar schöne Erdbeeren, Schokostreusel, Blüten oder Zitronenmelisse bilden den Abschluss.

---

300 g Rhabarber

200 g Erdbeeren

250 g Mascarpone

1/2 TL gemahlene Bourbonvanille

10 EL Zucker

250 g Sahnequark

50 g Schlagsahne

geriebene Schale von 1/2 Bio-Zitrone

Saft von einer 1/2 Bio-Zitrone

Dekoration: Schokostreusel, Erdbeeren oder Zitronenmelisse

Biskuitteig, alternativ 15 Löffelbiskuits

Biskuit

6 Eier

350 g Zucker

150 g Mehl

45 g Speisestärke

1/2 Päckchen Backpulver

2 EL kaltes Wasser

GERNE MÖCHTE ICH EUCH EINIGE IDEEN AUFZEIGEN, DIE IHR FÜR EINE HOCHZEIT VERWENDEN KÖNNT ODER DIE SICH ALS GESCHENK PERFEKT EIGNEN.

2

3

4

LOVE
YOU

LOVE HEARTS

JANE+SERGE

GLÜCKWUNSCH

1

EVA

Marie ♥

Süß wie die Lieb

2

3

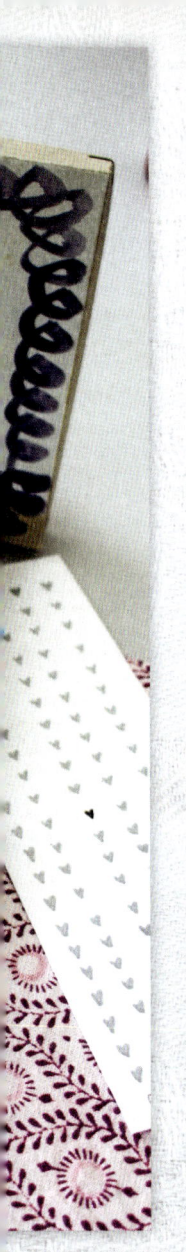

1 KARTE

Meine Tochter hat diese tolle Karte genäht. Aus Stoffresten hat sie zuerst das Paar ausgeschnitten und dann auf einen Stoff genäht, der dann auf ein stärkeres Tonpapier geklebt wird. Die kleine Stofftasche vorne dran ist für das Geldpräsent.

2 TISCHDEKO

Sterile Tischdekorationen mag ich gar nicht. Bei meinen Dekorationen ist Bewegung auf dem Tisch. Wir haben hierfür mit Hilfe einer Plätzchen-Ausstechform einen Herzstempel entworfen und damit Namenskärtchen und Menükarten bestempelt. Gebackene Herzen werden in der gleichen Form dazugelegt. Auf Herzchenkarten stehen schöne Liebesgedichte und Brauseherzen werden in Vintage-Tassen verteilt. Ebenso Rosenblätter und -köpfe sowie Efeuranken für den Farbkontrast.

3 SCHOKOLADE, ROSENMARMELADE

Gastgeschenke für die Hochzeitstafel lassen sich lange im Vorfeld vorbereiten. Hierfür eignen sich kleine feine Marmeladen oder kleine Schokoladentafeln. Die Marmeladen könnt ihr ganz einfach mit Etiketten beschriften. Die Schokoladen mit Banderolen bekleben oder umnähen.

4 LOVE IS IN THE BOX

Tief erfüllt von großer Zuneigung lassen sich die schönsten Geschenke gestalten. Angelehnt an die Fluxus-Kunst könnt ihr euren Liebsten eine Box fertigen, die gespickt ist mit Dingen, die euch verbinden oder den anderen erfreuen. Dazu eine Schachtel bekleben oder bemalen und los geht es mit dem Füllen.

TORTEN

Die Hochzeitstorten basieren auf dem Rezept der Bommeltorte »Mädchentraum« (siehe Seite 148), allerdings benötigt ihr hierfür acht Biskuitböden. Torten lassen sich ganz wunderbar mit frischen essbaren Blumen dekorieren oder mit unkonventionellen Figuren, wie hier den Romeo & Julia-Magnetpüppchen. Aus einem farbigen Fondant werden Herzen oder Blumen ausgestochen und die Torte damit belegt.

meri

DEN SOMMER

FESTE FEIERN

Sommer, Feste, Grillerei – Dekoideen, Saucen, Grillgut, Beilagen und
Desserts für den perfekten Sommer mit euren Lieblingsgästen.

BEMALTE VASEN UND STEINE

Kleine Vasen habe ich immer wieder für Feste im Einsatz. Wenn ich welche auf dem Flohmarkt entdecke, schlage ich zu. Der Herr Landfrau hat dazu einfach Bambusstecken in die Erde gesteckt, den Boden mit Zeitung abgedeckt und fröhlich mit weißer Farbe drauflosgesprüht.

Wenn ihr Gäste einladet, ist es immer schön, wenn sie auf ihrem Platz ein kleines Gastgeschenk vorfinden. Die bemalten Steine können als Briefbeschwerer oder nette Eye-Catcher für die Wohnung eingesetzt werden. Gleichzeitig dienen sie als Namensschild auf der gedeckten Tafel und sind tolle Outdoor-Utensilien, damit Serviette oder Tischdecke nicht wegwehen.

INGWER-ROTE-BETE-LIMO

Jede Jahreszeit hat seine Limonade. Ingwer-Limonade ist im Sommer super erfrischend und in Kombination mit dem Vitamin C aus der Zitrone ein Muntermacher obendrein. Die Rote Bete färbt die Limo auf natürliche Weise in schönes Pink. Die Limonade lässt sich mit Mineralwasser, Sekt oder Weißwein mischen und schmeckt auch aus einer ausgehöhlten Wassermelonenhälfte.

1   Den Ingwer schälen und in eine Schüssel reiben.

2   Die Schale der Zitrone mit einer Feinreibe abreiben.

3   Nun das Wasser mit dem Zucker, dem Ingwer, der Zitronenschale und einem 4 cm großen Stück Rote Bete einmal aufkochen lassen. 30 Minuten ziehen und auskühlen lassen, dann durch ein Sieb geben.

4   Die Zitrone auspressen und dem ausgekühlten Sirup zugeben. Mit Wasser mischen und mit Eiswürfeln servieren.

4 cm großes Stück Ingwer

Saft und Abrieb einer
Bio-Zitrone

2–5 EL Zucker, je nach
Belieben

4 EL Rote-Bete-Saft oder
ein etwa 4 cm großes Stück
frische Rote Bete

300 ml Wasser

TIR EMILIA
SALZ
1802
BRÜHE
KORIANDER
ROSMARIN

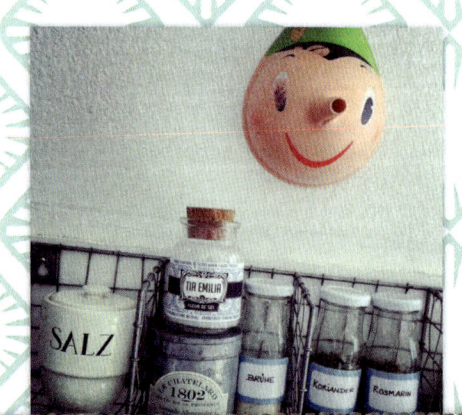

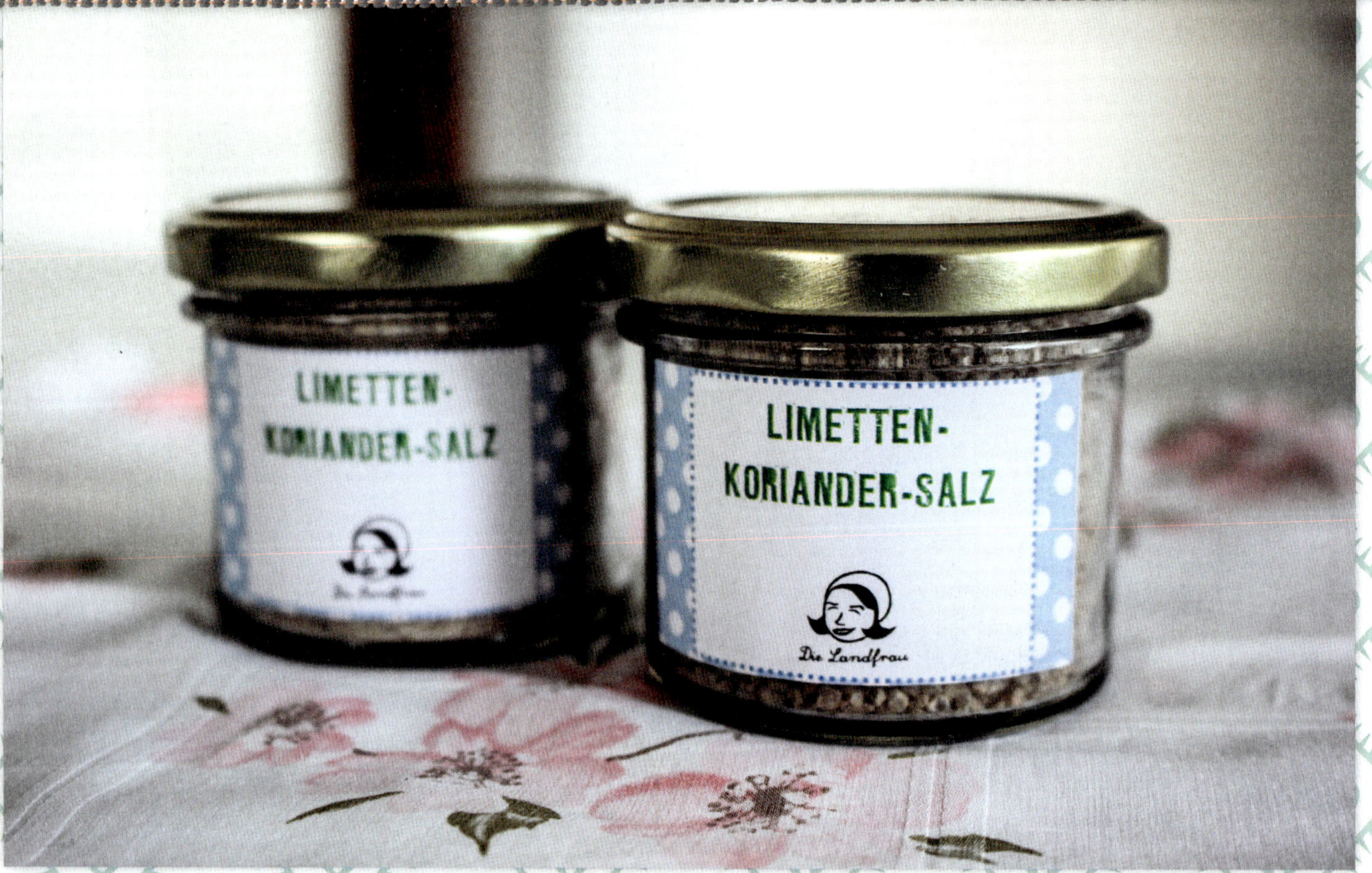
LIMETTEN-
KORIANDER-SALZ
LIMETTEN-
KORIANDER-SALZ
Die Landfrau

LIMETTEN-KORIANDER-SALZ

Das A und O einer guten Küche sind die Gewürze. Ein aromatisiertes Salz rundet ein Essen optimal ab und hinterlässt eine wunderbare Note. Mein Sommer kommt nicht ohne Limetten-Koriander-Salz aus, das zu Fisch, Fleisch und zu Gemüse passt und als Zwischensnack auf Pumpernickelbrot mit Quark schmeckt. Ihr solltet es unbedingt ausprobieren.

1 Frische Himbeeren pürieren und durch ein Sieb passieren. Das Fruchtpüree mit feinem Meersalz vermengen.

2 Die Peperoni von Kernen befreien und klein schneiden sowie die Limettenschale beider Limetten fein abreiben. Die Limetten auspressen. Nun vermengt ihr den Saft, die geriebenen Schalen, die Peperoni und das Himbeersalz miteinander und ab damit für zwei Stunden bei 60 bis 70 Grad in den Ofen, alternativ in den Dörrautomaten.

3 Das Salz kann nach dem Trocknen etwas zusammenkleben. Ihr könnt es aber ganz leicht wieder auseinanderbrechen. Ganz zum Schluss hebt ihr den klein geschnittenen Koriander darunter und trocknet es nochmals für etwa 20 Minuten.

4 Das Salz noch einen Tag ausgebreitet und abgedeckt auf einem Backblech stehen lassen, damit die Feuchtigkeit ganz draußen ist, bevor ihr es in Gläser abfüllt. Um die vielfältigen Aromen freizugeben, solltet ihr das Salz in einer Salzmühle verwenden.

3 EL frische Himbeeren

500 g Meersalz (nehmt ein gutes!)

2 Bio-Limetten

1 Bund frischer Koriander

2 Peperoni

1/2 Tasse Sesam

1/2 Tasse gehackte Sonnenblumenkerne

1 TL gehackte Pinienkerne

1/2 Tasse gehackte Kürbiskerne

1/2 Tasse gemahlene Mandeln

1/2 Tasse gemahlene Haselnüsse
(bei Unverträglichkeit einfach
weglassen)

1 TL Kreuzkümmel

1 TL gemahlene Kurkuma

1/2 TL gemahlenen Koriander

1 TL Paprikapulver

1 TL Salz

DUKKA

Gerösteter Sesam-Nuss-Dip

Jede Familie im Orient hat ihr eigenes Dukka-Rezept. Dieser lässt sich wunderbar mit anderen Gewürzen oder Kräutern variieren. Probiere doch deine eigene Mischung aus. Denkbar sind Chilis, Kräuter wie Basilikum, Thymian, Fenchelsamen, Anissamen oder rosa Pfeffer.

1 Die gehackten und gemahlenen Kerne und Nüsse sowie der Sesam werden 2 bis 3 Minuten in der Pfanne angeröstet. Die Gewürze mahlt ihr im Mörser und gebt sie mit zu den Nüssen. Kurz noch zusammen rösten und fertig ist euer Dukka.

2 Nun wird Brot in feines Olivenöl getaucht und dann in das Dukka. Fertig ist eine herrliche Vorspeise. Dukka schmeckt aber auch auf Reisgerichten, Hühnchen oder über Salat phantastisch.

SAUCEN

Wenn Grillwetter naht, beginne ich im
großen Stil mit dem Einkochen von
Saucen. Sowohl die Hot Sauce »Kau-
kapakapa« als auch das Ketchup eignen
sich hervorragend zum Einkochen und
halten sich den ganzen Sommer über
perfekt in Flaschen. Ganz ohne Ge-
schmacksverstärker und Verdickungs-
mittel! Ein weiterer Vorteil ist, dass ihr
stets ein Geschenk parat habt, wenn ihr
zu einem Grillabend eingeladen seid.
Also, Freunde einladen, gemeinsam
Grillsaucen herstellen und den ganzen
Sommer bestens ausgestattet sein.

KETCHUP
Die Landfrau
KETCHUP
Die Landfrau
KETCHUP
Die Landfrau

KETCHUP

1   Die Tomaten würfeln. Die Chilis und die Peperoni entkernen und klein schneiden. Den Ingwer schälen und ebenfalls klein würfeln.

2   Die klein geschnittene Zwiebel scharf im Öl anbraten. Dann die Tomaten, Chilis, Peperoni, Ingwer und Gewürze zugeben. Alles 30 bis 40 Minuten kochen lassen, gelegentlich umrühren. Es sollte ein dicker Tomatenbrei entstehen.

3   Nun alles durch ein Sieb streichen, den Zucker unterrühren, evtl. nochmals nachsalzen und heiß in sterilisierte Flaschen abfüllen.

2 AVENUE OF THE AMERICAS   *New York City 10013*
Tel 212 519 6600   TRIBECAGRAND.COM   GRANDLIFEHOTELS.C

KETCHUP

Die Landfrau

3 kg reife Fleischtomaten

1 Zwiebel

4 Peperoni

2 scharfe Chilischoten

3 cm großes Stück Ingwer

250 g braunen Zucker

300 ml Essig

1/2 TL Paprikapulver

1/2 TL gemahlene Nelken

1/4 TL gemahlenen Koriander

1/2 EL Meersalz

1 EL neutrales Öl (Rapsöl oder Sonnenblumenöl)

HOT SAUCE »KAUPAKAPAKA«

In Kaupakapaka, das ist auf der Nordhalbinsel von Neuseeland, lebt meine Mutter Marlies. Im Sommer hängen ihre Zitronenbäume voll mit Früchten und so begann ich Grillsaucen auf Zitronenbasis einzukochen. Diese Sauce ist besonders gelungen und so habe ich sie Hot Sauce »Kaupakapaka« genannt und will sie euch hiermit gerne verraten. Aber Achtung: Sie ist sehr scharf!

1   Die Pepperoni und die Chili klein schneiden und kräftig anbraten.

2   Die Zitronen auspressen und den Saft mit dem Weinessig mischen.

3   Geschälte Knoblauchzehen, Jalapeños, entkernte Paprika und geschälten Ingwer klein schneiden und zu den Chilis geben.

4   Mit der Saft-Essig-Mischung ablöschen.

5   Die geschälten und klein geschnittenen Apfelstücke der Sauce zugeben.

6   Nun die Gewürze und den Zucker unterrühren.

7   Alles etwa 1 Stunde kochen, immer wieder umrühren, damit der Zucker nicht anbrennt. Es sollte eine sämige Sauce entstehen. Sollte sie noch zu dünnflüssig sein, kann sie mit etwas Maisstärke, die zuvor mit Wasser oder Essig angerührt wurde, eingedickt werden.

8   Die Sauce in sterilisierte Flaschen abfüllen. Sie hält so mehrere Monate lang.

Steward Little, wohnhaft in Kaupakapaka

Marlies

2 Äpfel

5 grüne Peperoni

1 rote Chili

Saft von 3 Bio-Zitronen

1 Tasse Weinessig

2 Knoblauchzehen

2 EL Jalapeños (am besten frische, ansonsten aus dem Glas)

1 rote Paprika

jeweils 1/2 TL Pimentpulver, Zimtpulver, Nelkenpulver

2 cm großes Stück Ingwer

250 g Rohrohrzucker

evtl. 2 EL Maisstärke

1–2 TL Salz

1 TL Schwarzkümmel

GEGRILLTES

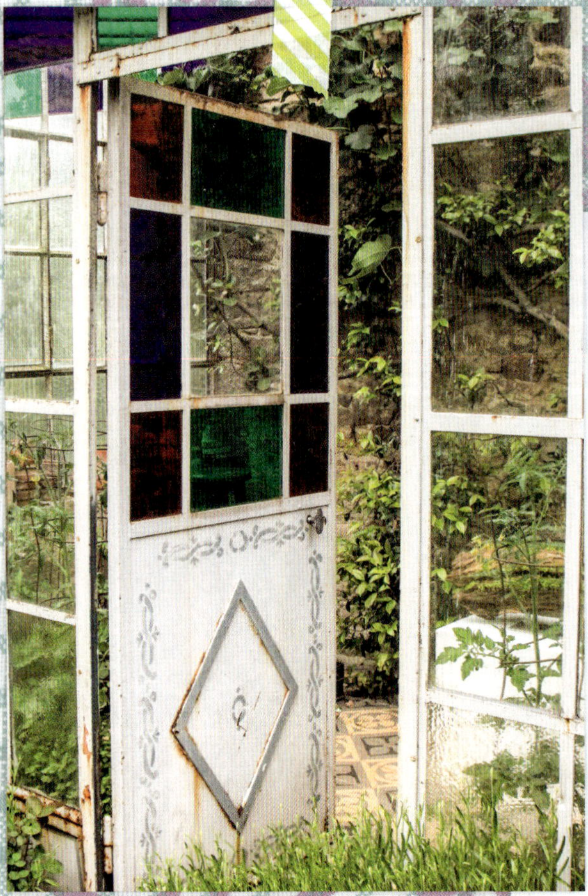

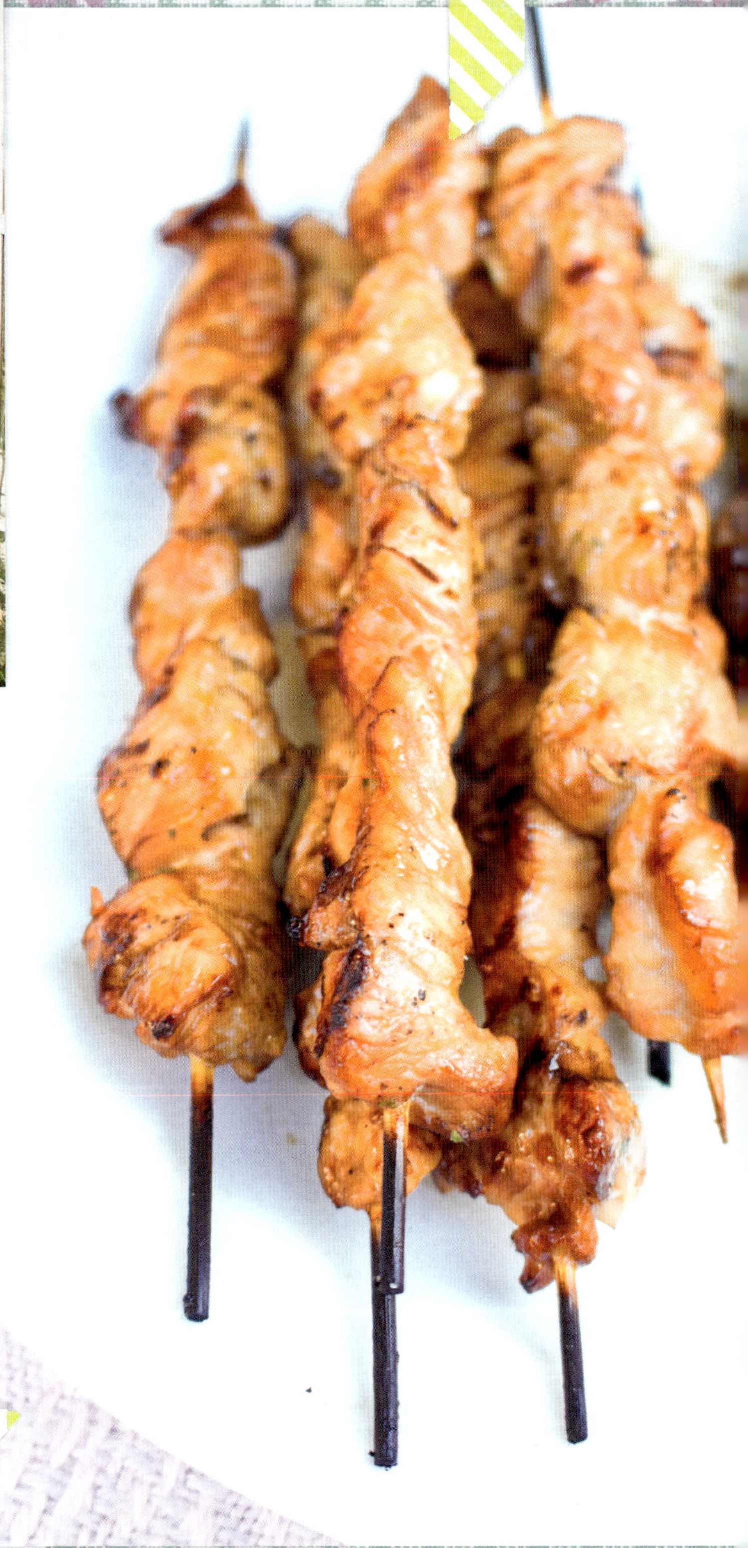

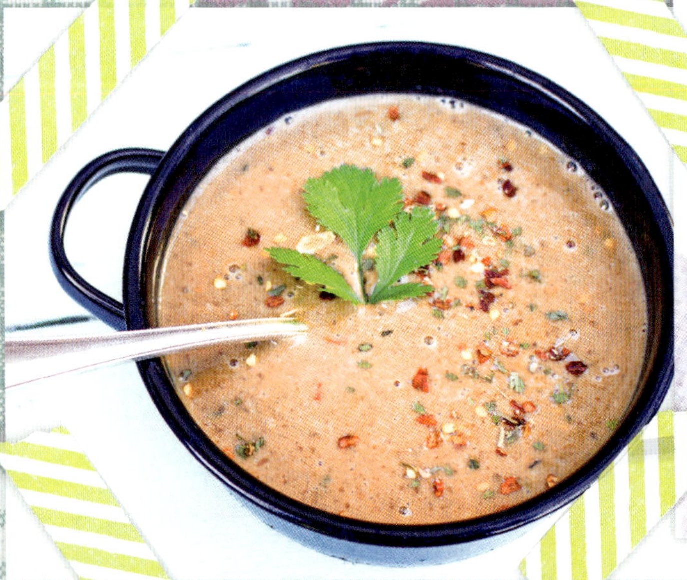

SATÉ MIT ERDNUSSSAUCE

Meine liebe indonesische Freundin Helen hat mir dieses köstliche Rezept vor vielen Jahren gezeigt und es ist nach wie vor mein absolutes Grill-Lieblingsessen, verbunden mit schönen Erinnerungen an gemeinsame Stunden während meiner Hotelfachlehre im Schwarzwald. Helen hat das Saté immer aus Schweinefleisch zubereitet. Rinderhüfte oder Pute sind ebenso möglich. Wichtig ist, dass ihr das Fleisch 1 bis 2 Tage vorher bereits in die Marinade einlegt.

Den Schärfegrad der Satésauce könnt ihr selbst bestimmen. Coleslaw, ein Krautsalat (Rezept Seite 86), harmoniert prächtig dazu.

MARINADE UND SPIESSE:

1 Das Fleisch schneidet ihr in kleine Stücke.

2 Für die Marinade vermengt ihr Sojasauce, Öl, durch die Presse gedrückten Knoblauch und Sherry und verteilt es über dem Fleisch. Nach 6 Stunden das Fleisch wenden, damit alle Teile gut mariniert sind.

3 Nun spießt ihr das Fleisch auf die Holzspieße. Den Rest der Marinade nehmt ihr zum Bestreichen, während die Spieße auf dem Grill brutzeln.

ERDNUSS-SAUCE:

1 Die Erdnussbutter gebt ihr mit Sojasauce, Milch, zerdrücktem Knoblauch, klein geschnittenem Ingwer, Honig und allen Gewürzen in einen Topf und erhitzt die Sauce langsam. Ständig rühren!

2 Wenn sie zu dickflüssig wird, einfach nochmals etwas Milch unterrühren.

MARINADE UND SPIESSE:

5 Putenschnitzel

4 EL Sojasauce

2 EL neutrales Öl

3 Knoblauchzehen

2 EL Sherry

Holzspieße

ERDNUSS-SAUCE:

3 EL Erdnussbutter (crunchy oder cremig, je nach Geschmack)

4 EL Sojasauce

250 ml Milch

2 Knoblauchzehen

1 EL Honig

2 cm großes Stück Ingwer

1/2 TL Chili geschrotet

jeweils eine Prise Kurkuma, Kreuzkümmel, Koriander, Zimt, Kardamom, Pfeffer

THYMIANHUHN MIT SULTANINEN

Dieses Huhn wird im Backofen gegart, es kann aber genauso auf dem Grill zubereitet werden. Dann lasst ihr einfach die Sultaninen weg.

Am Vortag eine Marinade zubereiten bestehend aus Thymian, Chili, Honig, zerdrücktem Knoblauch, 1 EL Olivenöl, Sojasauce und allen Gewürzen. Die Hühnerbeine darin marinieren und über Nacht in den Kühlschrank stellen.

ZUBEREITUNG IM BACKOFEN

Nun wird 1 EL Olivenöl erhitzt und die abgetropften Hühnerbeine werden für 5 Minuten angebraten. Dann gebt ihr sie in eine Auflaufform. Ihr vermengt den Weißwein mit dem Wasser, der restlichen Marinade und dem Orangensaft und würzt nochmals mit Salz und Pfeffer. Die Sauce über den Hühnerschlegeln verteilen. Zum Schluss die Sultaninen über das Huhn streuen. Bei 180 Grad 30 Minuten garen. Wenn die Sultaninen zu braun werden, solltet ihr die Auflaufform abdecken.

ZUBEREITUNG AUF DEM GRILL

Die Hühnerbeine können direkt aus der Marinade auf den Grill gelegt werden. Da sie auf dem Grill etwas länger brauchen, empfiehlt es sich, sie indirekt bei etwa 80 Grad und mit geschlossenem Deckel zu grillen. Zwischendurch immer wieder mit der Marinade einpinseln. Nach gut einer Stunde sind sie fertig und super zart.

6 Hühnerschlegel

1 EL frischen Thymian

1/2 TL Chilipulver

1 TL Honig

2 Knoblauchzehen

2 EL Olivenöl

3 EL Sojasauce

Muskatnuss, Kreuzkümmel,
Anissamen, 1 Prise Zimt,
Salz und Pfeffer

*Weitere Zutaten für
die Zubereitung im Backofen:*

2 EL Sultaninen

200 ml Weißwein

Saft einer Orange

300 ml Wasser

VEGGIEBURGER

Veggieburger lassen sich mit unterschiedlichsten Zutaten herstellen. Am liebsten verwende ich Quinoa, Kartoffeln, Dinkel, Linsen oder Amaranth. Die heimische Spezialität Grünkern eignet sich natürlich auch bestens. Wichtig ist zu 200 g gekochtem Getreide etwa 4 EL Mehl und ein Ei zur Bindung zuzugeben. Die Veggieburger lassen sich auch auf dem Grill zubereiten. Hierfür bratet ihr die Burger aber am besten zuvor in der Pfanne an, sonst wird es ihnen zu heiß auf dem Grill.

200 g Getreide, geraspeltes Gemüse oder geriebene Kartoffeln

1 Ei

1 Zwiebel

4 EL Mehl

frische Gartenkräuter, z.B. Estragon

Salz, Pfeffer, Prise Zimt

1   Zum gekochten Getreide, dem geraspelten Gemüse oder zu geriebenen Kartoffeln werden geröstete Zwiebeln zugegeben. Salzen, pfeffern. Eine Prise Zimt und etwas Estragon oder andere frische Kräuter reichen als Gewürz.

2   Nun wird ein Probe-Burger geformt, in heißem Öl gebraten und geprüft, ob er gut zusammenhält. Sonst gebt ihr einfach ein weiteres Ei und noch etwas Mehl dazu. Geraspeltes Gemüse benötigt natürlich mehr Bindung als Getreide.

3   In neutralem Öl vorbraten. Nur kurz auf den Grill legen oder indirekt grillen.

Zu den Burgern passt sehr gut ein Kräuterquark, den ihr mit 250 g Quark, frischen Gartenkräutern, Saft einer halben Bio-Zitrone, Salz, Pfeffer und etwas Kürbiskernöl anrührt.

RÄUCHERFORELLE UND RADIESCHENGEMÜSE

Unsere befreundeten Kochbuchautoren Katrin und Ralph Schäflein,
die zwei herrliche Kochbücher namens »Omas Küchen« mit schwä-
bischen und badischen Rezepten geschrieben haben, luden auf ihr
idyllisches Gartengrundstück. Wie es nicht anders zu erwarten
war, haben sie sich mächtig ins Zeug gelegt und wir wurden
mit Räucherforelle und Radieschengemüse verwöhnt..

RADIESCHENGEMÜSE

2 Bund Radieschen

grüne Gartenkräuter

Öl zum Anbraten

1/2 TL Salz

etwas Salat

Die Radieschen vierteln und mit Öl in der Pfanne dünsten, bis sie glasig rosa sind. Kräftig salzen und kräutern, anschließend auf einem Salatbett anrichten.

RÄUCHERFORELLE

Der Geschmack der Räucherforelle wird wesentlich verbessert, wenn ihr sie über Nacht in Salzlake einlegt.

Salzlake

60 g Salz pro einem Liter Wasser

10 Wacholderbeeren

zerstoßener Pfeffer

2 Lorbeerblätter

1 Schuss Gin

2 ausgenommene Forellen

10 Zahnstocher

Eichenholz-Stücke

Wacholderbeeren aus der Lake

Die in Salzlake eingelegten Forellen werden mit je 5 Zahnstochern versehen, damit das Raucharoma auch das Innere des Fisches erreicht. Während des Räucherns werden immer wieder Eichenholz-Stücke und Wacholder, der zuvor in Wasser eingelegt wurde, links und rechts auf die Kohlen gelegt damit sich der Rauch gut entwickeln kann. Zum Räuchern den Deckel auf den Grill setzen. Nach etwa 20 bis 25 Minuten bei 70 Grad indirektem Grillen sind die Forellen gar und ganz zart im Geschmack mit feinem Wacholder-Raucharoma. Einfach köstlich! Perfekt dazu frisch geriebener Meerrettich.

BEILAGEN

COLESLAW MIT WASABI-LIMETTEN-DRESSING

Tipp: Kraut ist sehr reich an Vitamin C und somit gut für euer Immunsystem.

Coleslaw ist die amerikanische Antwort auf Krautsalat. Das Original-Rezept aus den USA enthält zumeist Mayonnaise, worauf ich aber zugunsten der Bikinifigur in meiner Kreation verzichtet habe.

1   Den Weißkohl vom Strunk befreien und hobeln. Die Karotten, den Apfel und den Ingwer schälen und zum Kohl raspeln.

2   Für das Dressing mischt ihr die Buttermilch, den Saft einer Limette, den Essig, Honig, Schwarzkümmel und das Wasabipulver. Nun noch mit Salz und Pfeffer würzen und das Öl dazugeben.

3   Als Topping eignen sich Peperoni-Scheiben, gerösteter Sesam, gehackte und geröstete Cashewnüsse oder Granatapfelkerne.

1/2 Weißkohl (kleiner Kopf)

2 Karotten

1 Apfel

3 cm großes Stück Ingwer

1 EL Cashewnüsse

1 TL Sesam

1 grüne Peperoni

2 EL Granatapfelkerne

Dressing:

2 EL Apfelessig

Saft einer Limette

1/2 TL Schwarzkümmel

1 TL Wasabipulver oder Wasabi-paste

2 TL Honig

Salz, Pfeffer

1 TL Rapsöl (Luxusvariante mit Pistazienöl)

100 ml Buttermilch

SOMMERSALAT MIT GEBRATENEN ZUCCHINISCHEIBEN UND GARTENKRÄUTERN

1   Die Zucchini in Scheiben schneiden, salzen und in 1 EL Olivenöl anbraten. Etwas Zitronensaft darüberträufeln und die klein geschnittene Knoblauchzehe dazugeben.

2   1 EL Johannisbeeren zerdrücken, den restlichen Zitronensaft und Balsamico-Essig zugeben. Die Kräuter klein schneiden und daruntermengen. Salzen und dann das Sesamöl und das Olivenöl zugeben.

3   Schneidet nun Gurke und Tomaten klein und vermengt sie mit den Zucchinischeiben und dem Dressing. Zerteilter Mozzarella und Johannisbeeren bilden den Abschluss. Mit Ringelblumen oder Lavendelblüten dekorieren. Die Melonescheiben um den Salat drapieren.

2 gelbe Zucchini

1 Gurke

3 Tomaten

1 EL Johannisbeeren

Lavendelblüten und Ringelblumen als Deko

Mozzarella

1/2 Honigmelone

Dressing:

1 EL Johannisbeeren

1 EL Gartenkräuter (z. B. Zitronenmelisse, Ananas-Salbei, Minze, Koriander, Schnittlauch)

Saft von 1 Bio-Zitrone

1 Knoblauchzehe

1–2 EL Balsamico-Essig

1 TL Sesamöl

2 TL Olivenöl

MEDITERRANER NUDELSALAT DE LUXE

Meine italienische Freundin Varinia hat mir diesen Salat einmal gezeigt und ich bin ihr bis heute dafür dankbar, da ich ihn immer und immer wieder zubereite. Die Grundzutaten bilden Nudeln, getrocknete Tomaten, Oliven, Rucola und Schafskäse. Ihr könnt ihn mit Rinderfiletspitzen oder auch mit Gemüse oder Garnelen kombinieren. Mir schmeckt der Salat am besten mit ganz großen Muschelnudeln, den Conchiglioni.

1 Zuerst bratet ihr die Pinienkerne an, salzt sie und stellt sie zur Seite. Parallel werden die Nudeln gekocht.

2 Die klein geschnittenen Frühlingszwiebeln und die getrockneten Tomaten in Olivenöl anbraten. Die klein geschnittenen Tomaten und die halbierten Oliven zugeben. Mit grobem Meersalz, schwarzem Pfeffer, wer mag mit frischen, klein geschnittenen Peperoni und Balsamico-Essig würzen. Sobald die Nudeln fertig gekocht sind, diese abgießen und alles untereinandermischen. Auch den klein geschnittenen Schafskäse und den gewaschenen, etwas klein geschnittenen Rucola.

3 Zum Schluss noch die Pinienkerne darüberstreuen. Fertig.

Das Gericht kann man kalt oder warm genießen.

250 g große Muschelnudeln
oder Rigatoni

5 EL schwarze Oliven

etwa 10 in Öl eingelegte
getrocknete Tomaten

5 Tomaten

eine Handvoll Rucola

1 Packung Schafskäse

1 EL Pinienkerne

2 Frühlingszwiebeln

4 EL Balsamico-Essig

2 EL Olivenöl

Salz, Pfeffer, frische Peperoni

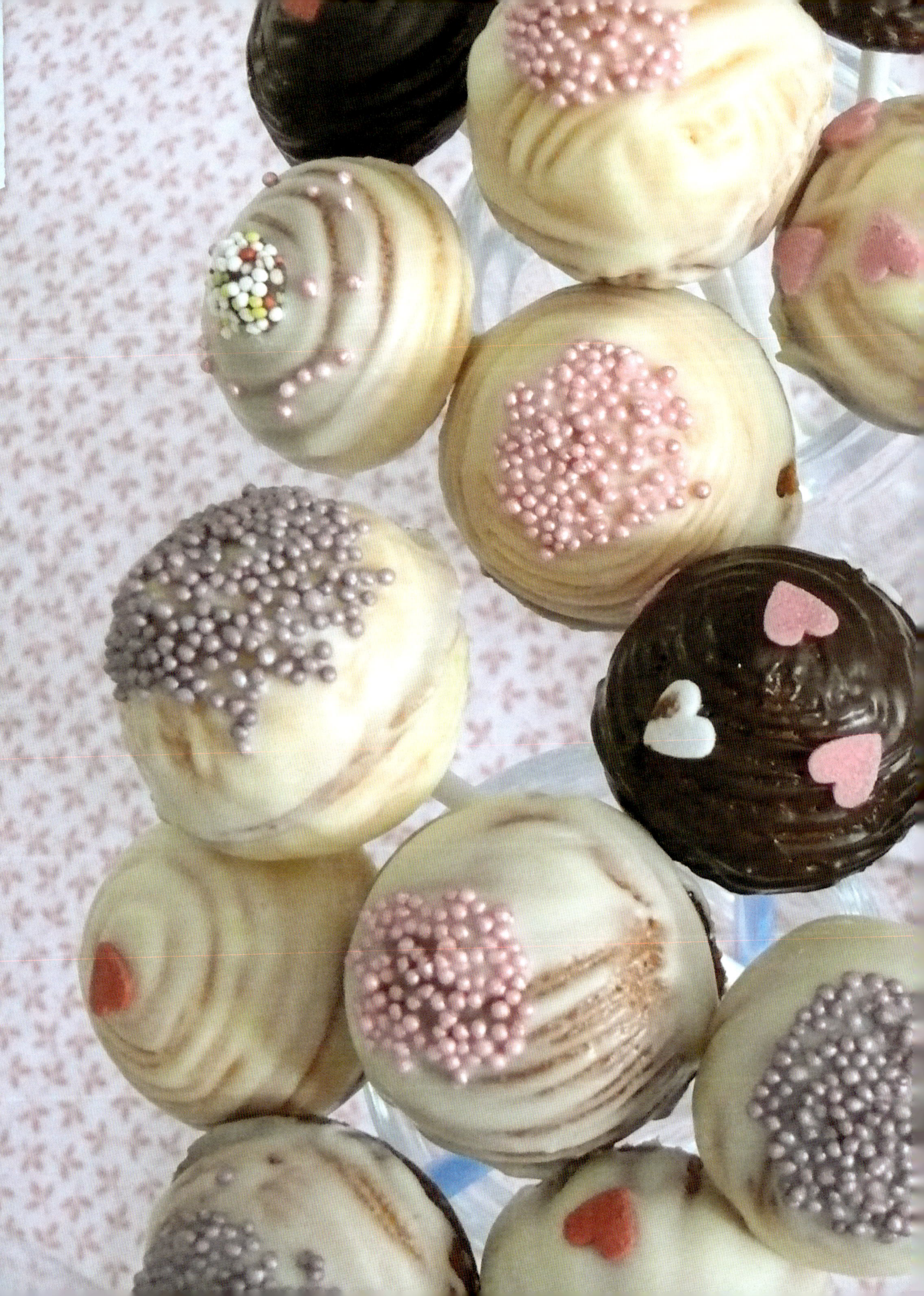

SÜSSES

Tipp: Limoncello wird aus Zitronenschalen, hochprozentigem Weingeist, Wasser und Zucker ganz einfach hergestellt. Probiert es doch mal aus, es ist gar nicht schwer.

LIMONCELLO-MASCARPONE-CREME

Gelatine und rohe Eier sind nicht so mein Ding. Vor allem nicht im Sommer bei heißen Temperaturen. Diese Creme kommt ganz ohne aus und schmeckt himmlisch. Ich gebe zu, sie ist nicht ganz kalorienarm, aber zwei Esslöffel Creme im Weinglas angerichtet reichen als süßes Hinterher. Wenn Kinder mitessen, tauscht ihr den Limoncello einfach gegen Holunderblütensirup aus.

200 g Mascarpone

50 g Sahne

50 g Zucker

4 cl Limoncello

5 Erdbeeren

zur Deko: etwas braunen Zucker und Walderdbeeren

Die Sahne steif schlagen und den Mascarpone, den Zucker und den Limoncello unterrühren. Die Erdbeeren klein schneiden und unterheben. In Weingläsern anrichten, nochmals etwas Limoncello über die Creme gießen und mit etwas braunem Zucker und Walderdbeeren dekorieren.

Für den Karamell:

150 g Zucker

25 ml Wasser

25 ml Espresso

Für die Crème:

1 Vanilleschote

250 ml Milch

250 ml Schlagsahne

4 EL Zucker

3 Eier

3 Eigelbe

ESPRESSO-CRÈME CARAMEL

1. Den Backofen auf 150 Grad vorheizen, bei Umluft 130 Grad.

2. Die Milch und die Sahne in einen Topf geben. Die Vanilleschote aufschneiden, das Mark auskratzen und samt ausgekratzter Schote in die Sahne-Milch geben. Den Zucker zugeben und das Ganze einmal aufkochen lassen. Nun etwas auskühlen lassen und dann die Schote entfernen und die Eier und das Eigelb in die abgekühlte Milch rühren.

3. Gläser heiß ausspülen, damit sie nicht platzen, und die Milch-Mischung hineinfüllen. Nun die Gläser in einem hohen Gefäß in so viel heißes Wasser setzen, dass die Förmchen 4 bis 5 cm im Wasser stehen.

4. Die Creme im Ofen etwa 40 Minuten stocken lassen. Nun könnt ihr sie herausnehmen, auskühlen lassen und kalt stellen.

5. Kurz vor dem Servieren bereitet ihr den Espresso-Karamell vor. Hierfür Zucker, Wasser und fertig gekochten Espresso in einer Pfanne vermengen. Mit einem Holzlöffel auf dem Herd so lange rühren, bis der Zucker goldbraun karamellisiert. Achtung beim Zubereiten des Karamells: Die Masse kann spritzen! Den Karamell sofort aus dem Topf nehmen und auf der Creme verteilen.

HEIDELBEER-LAVENDEL-MUFFINS MIT VANILLECREME

Geringer Aufwand, große Wirkung: Für Sommerfeste sind diese Muffins, die man ganz einfach aus den Backförmchen löffeln kann, eine tolle Variante. Um sie auch optisch zur Augenweide werden zu lassen, hat meine Tochter Marie noch farblich passende Sticks aus Zahnstochern und bunten Masking-Tapes gebastelt. Bei solchen Farben sage ich nur: Sommer, verweile doch!

1 Backofen auf 180 Grad (Umluft) vorheizen.

2 Mehl und Backpulver sieben, Zucker, Vanille-zucker und Lavendel darunter mischen.

3 Die weiße Schokolade im Wasserbad erwärmen, bis sie flüssig ist.

4 Milch, Eier und Butter verrühren. Die Schoko-lade langsam unterheben.

5 Die Heidelbeeren vorsichtig unterheben und den Teig in die Papier-Backförmchen oder in gefettete Muffin-Förmchen geben.

6 Bei 180 Grad etwa 20 Minuten backen.

250 g Mehl

1 Päckchen Weinsteinbackpulver

180 g Zucker

1/2 TL Lavendel

1 Prise Bourbonvanille

2 Eier

350 ml Milch

150 g Butter

50 g weiße Schokolade

2 Tassen Heidelbeeren (1 Tasse für den Teig, 1 EL für die Vanillecreme, der Rest zum Dekorieren der Muffins)

Zitronenmelisse oder -verbene zum Dekorieren

Papier-Backförmchen

VANILLECREME

Generell verwende ich für Cremes, auch für Kuchenfüllungen, gerne Pudding. Dieser köstlichen Vanille-creme habe ich noch Sahne zugegeben und Heidelbeeren. Die Creme harmoniert perfekt zu den saftigen Muffins.

1 Die Vanillecreme kocht ihr aus einem Päckchen Vanillepudding, einem halben Liter Milch und 250 g Zucker.

2 Nun wird 1/4 l geschlagene Sahne unter den erkalteten Pudding gerührt.

3 1 EL Heidelbeeren passiert ihr durch ein Sieb und gebt das Püree unter die Pudding-Sahne-Mischung.

4 Die Creme auf die Muffins geben. Mit einem Zitronenmelissen-Blatt und einer Heidelbeere dekorieren.

1 Päckchen Vanillepudding

500 ml Milch

250 g Zucker

250 ml Sahne

1 EL Heidelbeeren

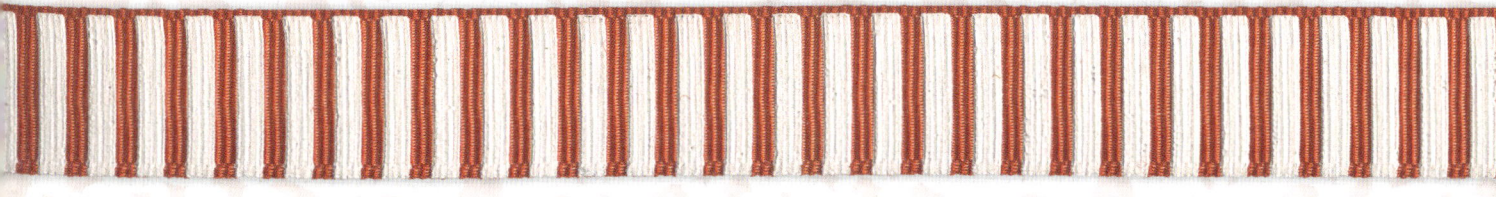

WINDLICHTER AUS ALTEN DOSEN UND GLÄSERN

Aus großen alten Gläsern und Dosen lassen sich wunderbare Windlichter für den Garten herstellen. Wichtig ist, dass ihr in die Dosen zuvor Löcher hineinbohrt, damit das schöne Kerzenlicht durchscheinen kann. Am obersten Rand zwei gegenüberliegende Löcher setzen, dann könnt ihr sie mit Draht in Bäumen oder an Wäscheleinen aufhängen. Entweder lackiert ihr sie nur oder ihr näht für die edlere Variante Banderolen aus Stoffresten oder alter Bettwäsche.

1   Den Stoff zurechtschneiden und oben und unten 1 cm überstehen lassen. Die Stoffenden mit Zick-Zack-Stich versäumen, damit der Stoff nicht ausfransen kann.

2   Dann wird umgebügelt, so dass die Banderole oben und unten genau der Höhe eures Glases oder eurer Dose entspricht. Noch einmal umnähen, damit der Stoff zusammenhält und die Banderole auf das richtige Maß gebracht wird.

3   Mithilfe einer Buchstabenschablone und Textilfarben könnt ihr die Banderole bemalen. Über die Textilfarbe müsst ihr noch einmal drüberbügeln, damit sie haltbar wird. Jetzt könnt ihr die Banderole auf links drehen und zusammennähen. Das Windlicht ist regentauglich für den Garten und lässt die Buchstaben bei Kerzenschein erstrahlen.

APRIKOSEN

FLEISCHBÄLLCHEN MIT APRIKOSEN

Aprikosen sind wie Tamarindenmark ideal in Kombination mit Fleisch zu verwenden. Die Säure der Aprikose und die Würze des Kreuzkümmels geben den Fleischbällchen eine wohlschmeckende orientalische Note.

1 Pistazien anrösten und klein hacken.

2 Das Hackfleisch mit den Semmelbröseln, der klein geschnittenen Zwiebel, den gehackten Kräutern, den Pistazien, dem Ei und dem Orangenabrieb mischen.

3 Die Gewürze zugeben und etwas ziehen lassen.

4 Aprikosen entsteinen und vierteln.

5 Nun kleine Fleischbällchen formen und in heißem Öl in der Pfanne rundum anbraten. Sobald sie gut angebräunt sind, werden die Aprikosen, der Rinderfond und der Orangensaft zugegeben.

6 Einen Deckel auf die Pfanne setzen und die Fleischbällchen etwa 20 Minuten auf kleiner Flamme ziehen lassen. Zwischendurch prüfen, ob noch genug Flüssigkeit vorhanden ist, sonst noch etwas Wasser oder Weißwein zugeben.

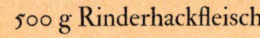

500 g Rinderhackfleisch

50 g Semmelbrösel

1 Zwiebel

1 Handvoll Kräuter: Petersilie, Minze, Koriander

1 Ei

Abrieb und Saft einer Bio-Orange

1 EL Pistazien

5 Aprikosen

300 ml Rinderfond

1/4 l Weißwein

weitere Gewürze: Korianderpulver, Kreuzkümmel, Zimt, Salz, Pfeffer

Öl zum Anbraten

APRIKOSENSENF MIT LAVENDEL

1 Die Aprikosen waschen, entkernen und in kleine Stücke schneiden. In einer Pfanne mit dem Zucker karamellisieren und mit dem Essig ablöschen. Abkühlen lassen und mit dem Pürierstab fein pürieren.

2 Das erkaltete Früchtepüree mit dem Schneebesen unter das Senfpulver rühren, die Senfkörner, das Salz, Öl und den Lavendel unterheben.

3 Je nachdem, wie fein ihr die Senfkörner gemahlen habt, ist das Wasser noch vonnöten oder euer Senf ist bereits eine schöne homogene Masse. Nun lasst ihr ihn offen für 12 bis 24 Stunden stehen und rührt ihn gelegentlich um. Während der Senf fermentiert, entwickelt er seine Schärfe und dickt ein. Nach einem Tag nochmals die Konsistenz überprüfen, gegebenenfalls noch etwas Flüssigkeit in Form von Essig oder Wasser zugeben.

4 Den Senf in Twist-off-Gläser abfüllen. Nach etwa 3 Wochen hat der Senf seinen Geschmack voll ausgebildet und kann verspeist werden.

Landfrauen-Tipp: Wenn es den Senfkörnern beim Mahlen zu heiß wird, was in der Küchenmaschine passieren kann, besteht die Gefahr, dass der Senf später bitter schmeckt. Senfkörner also besser in einer Kaffeemühle mahlen.

200 g Aprikosen

250 g gemahlene Senfkörner

1 TL ganze Senfkörner

250 ml Honigessig

100 ml Wasser

100 g Zucker

Salz

3 EL neutrales Öl

2 TL Lavendel

PARIS. - Vue panoramique sur la Tour Eiffel et la Grande Roue.

TARTE AUX ABRICOTS

Das ultimative Rezept fürs Wochenende bei Sonnenschein, Kalorien egal!

TEIG

150 g Mehl

150 g Zucker

150 g Butter

1 Ei

eine Prise Fleur de Sel

BELAG

1 Becher Crème fraîche

100 g Mascobado-Zucker

50 g Sahne

1 Ei

10 Aprikosen

Puderzucker zum Bestäuben

Den Teig kräftig kneten, eine halbe Stunde kalt stellen, dann ausrollen und in eine ausgefettete Form geben. Nun wird er 12 Minuten bei 180 Grad im Backofen vorgebacken. Zum Beschweren des Teiges könnt ihr Hülsenfrüchte zur Hilfe nehmen.

Die Zutaten verrühren, die Aprikosen halbieren und entsteinen. Nun den Belag auf den vorgebackenen Teig verteilen. Die halben Aprikosen daraufsetzen und nochmals 15 Minuten in den Ofen geben. Mit Puderzucker bestreuen und noch warm genießen.

SCHARFES PFLAUMEN-CHUTNEY

Aromatische Zwetschgen oder Pflaumen eignen sich hervorragend für Chutneys. Für dieses wohlschmeckende, scharfe Chutney, das ideal zu Fleisch oder Käse passt, werden die Gewürze mit angeröstet und getrocknete Kirschen zugegeben. Zumeist gebe ich auch noch Heidelbeeren und Johannisbeeren mit dazu, die ich noch vom Sommer eingefroren übrig habe. Ihr solltet es unbedingt probieren. Macht gleich ein paar Gläser mehr, dann habt ihr auch noch schöne Weihnachtsgeschenke.

1 Die Zwiebel klein schneiden und in etwas neutralem Öl braun anbraten. Nun die Gewürze und den Rosmarin zugeben und kurz mit anrösten. Achtung: Die Gewürze nicht verbrennen lassen! Mit dem Rotwein ablöschen.

2 Die Pflaumen oder Zwetschgen entkernen, die Chilis und den Ingwer klein schneiden. Die Orange mit dem Zestenschneider schälen und die Schalenstreifen klein schneiden. Die Vanilleschote längs aufschneiden, das Mark herausstreifen (die Schoten aber auch mitkochen). Nun alle Zutaten, außer dem Zucker, in einen hohen Topf geben. Das Chutney soll nun in Ruhe, bei niedriger Temperatur einkochen, mindestens eine Stunde lang. Dabei bitte immer wieder umrühren. Wenn das Chutney schwer vom Löffel fällt, den Zucker zugeben. Noch einmal umrühren, bis der Zucker zergangen ist.

3 Die Vanilleschote und das Lorbeerblatt entfernen.

4 Sollte das Chutney nicht dickflüssig genug sein, könnt ihr mit Stärke nachhelfen. Hierfür einfach 1 bis 2 EL Stärkemehl mit kaltem Wasser anrühren und dem Chutney zugeben. Noch einmal aufkochen lassen, dann dürfte das Chutney von der Konsistenz her perfekt sein.

5 Die Einmachgläser mit kochendem Wasser oder im Backofen sterilisieren. Das Chutney einfüllen und sofort verschließen.

6 Mit nettem Etikett versehen und entweder selbst essen oder verschenken.

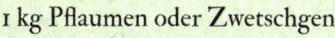

1 kg Pflaumen oder Zwetschgen

1 Zwiebel

2 EL Heidelbeeren

2 EL Johannisbeeren

150 g getrocknete Kirschen

5 scharfe Chilis

2 cm großes Stück Ingwer

500 g brauner Zucker

1 Vanillestange

1 Lorbeerblatt

1 EL gehackter Rosmarin

Gewürze: 1/2 TL Zimt, 1 Prise Nelkenpulver, 1 Prise Piment, 1 Prise geriebene Muskatnuss, 1 Prise Salz

1/2 l Rotwein

etwa 1/2 l Wasser

Schale einer halben Bio-Orange

Öl zum Anbraten

1–2 EL Maisstärkemehl

Einmachgläser

KÜRBISSE

KÜRBIS-PFANNKUCHEN

Hier habe ich eine tolle Idee für euch, wie ihr aus Kürbis mal etwas ganz anderes zaubern könnt: Wohlschmeckende Kürbispfannkuchen. In meiner Familie sind sie längst zum Klassiker geworden und ich kann euch versprechen – sie schmecken einfach himmlisch! Dazu passt Quittensirup oder Orangenmarmelade.

Herbstzeit ist Kürbiszeit. Kürbisse eignen sich prima zum lagern. An einem nicht zu kalten Ort, zum Beispiel auf der Kellertreppe, sind sie über Monate lagerungsfähig. Reife Kürbisse sollten hohl klingen, wenn man auf die Schale klopft.

1   Die Schale des Kürbisses entfernen und das Innere klein schneiden. Kürbisfleisch mit einer Tasse Wasser bedecken, mit Nelke und Zimt weich kochen. Dann mit dem Pürierstab zu Mus pürieren.

2   Eier, Zuckerrübensirup und Milch mit dem Rührgerät mixen, nach und nach das ausgekühlte Kürbismus zugeben. Dann das Mehl nach und nach zugeben. Darauf achten, dass keine Klumpen entstehen. Es sollte ein dickflüssiger Pfannkuchenteig entstehen.

3   Die Pfannkuchen in der heißen, ausgebutterten Pfanne braten.

4   Dazu passt Quittensirup oder Orangen-Marmelade.

200 g Kürbisfleisch

1 Prise Nelkenpulver

1 Prise Zimt

1 EL Zuckerrübensirup, alternativ 1 EL Rohrohrzucker

350 g Mehl

3 Eier

100 ml Milch

etwa 50 g Butter zum Ausbacken

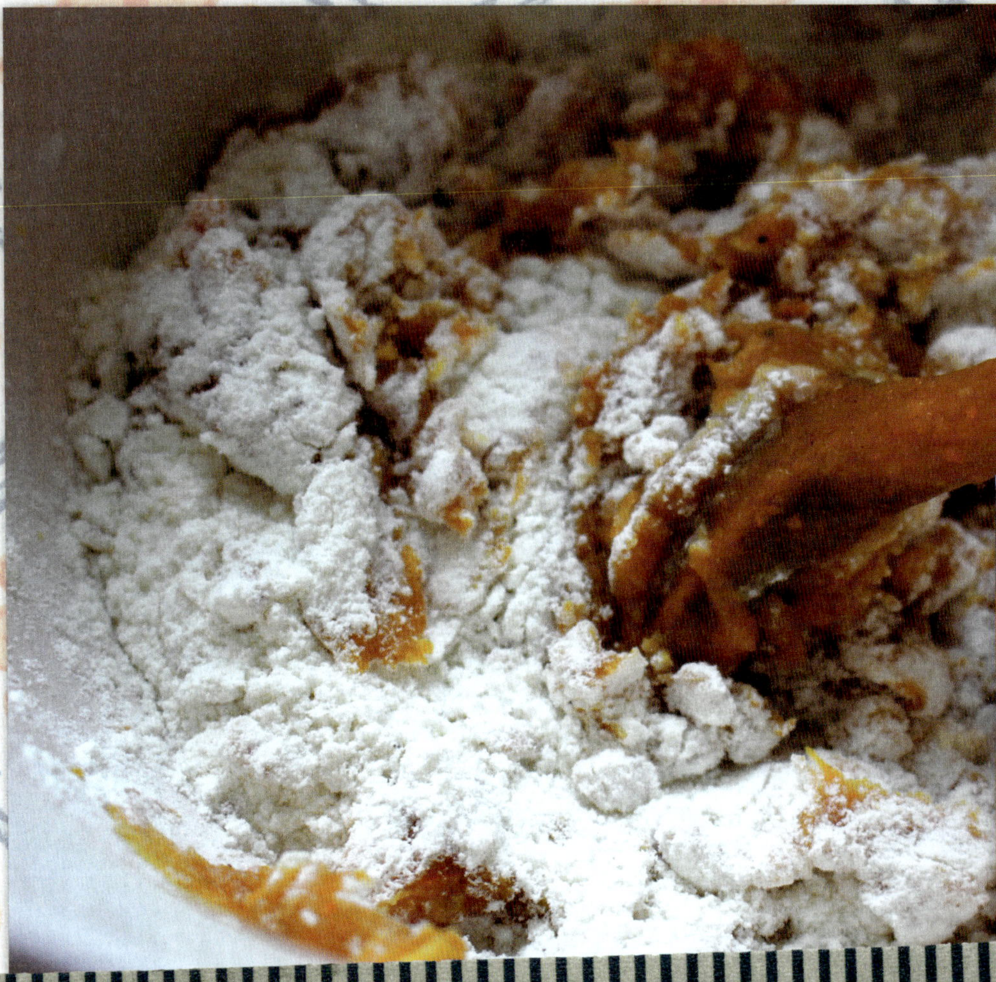

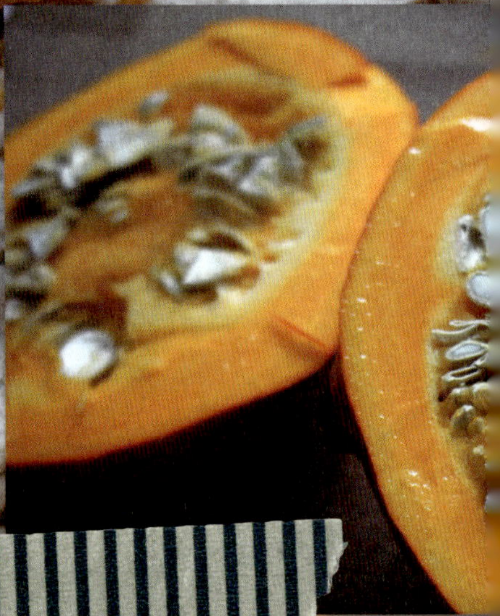

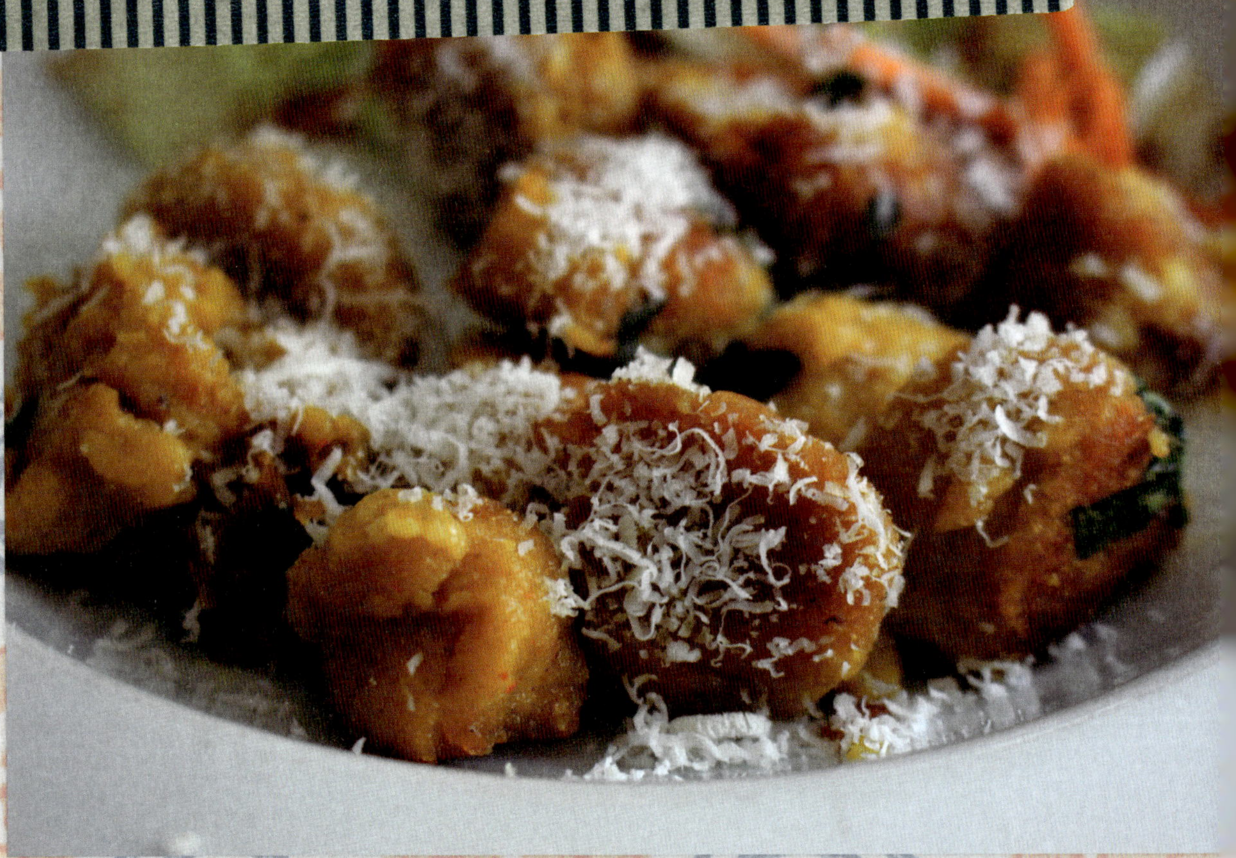

KÜRBIS-GNOCCHI

Hier habe ich ein äußerst delikates Herbstessen für euch. Die Steigerung von Gnocchi – Kürbisgnocchi! Für die Gnocchi könnt ihr Hokkaido- oder Butternut-Kürbis verwenden.

1 Den Kürbis schälen und entkernen. Das Kürbisfleisch klein schneiden. Eine Kartoffel schälen und ebenfalls klein schneiden.

2 Das Kürbisfleisch, die Kartoffel und das Lorbeerblatt in einen Topf geben, knapp mit Wasser bedecken und weich kochen. Dann gut abseihen und mit 2 EL Wein, etwas Butter und den Gewürzen, Salz und Pfeffer vermengen. Abschmecken, etwas abkühlen lassen und dann mit dem Pürierstab pürieren.

3 Nun zwei Eier verquirlen und dem Kürbismus zugeben. Mit eingekochtem Suppengrün würzen. Erstmal nur mit 200 g Mehl binden. Der Teig sollte schwer vom Löffel fallen.

4 Mit zwei Teelöffeln wird nun ein Probenocken in kochendes, gesalzenes Wasser gegeben. Sobald die Nocke aufsteigt, probiert ihr sie. Wenn sie nicht zerfällt, dann weitere Nocken abstechen, die ihr, bevor ihr sie in das Wasser gebt, noch etwas in Mehl wendet und mit dem Gabelrücken in die typische Gnocchi-Form bringt. Die Nocken direkt in das sieden-de (nicht sprudelnd kochende) Wasser geben.

5 Die fertigen Nocken werden in brauner Butter mit dem Salbei angeröstet und mit frisch geriebenem Parmesan gereicht. Das i-Tüpfelchen ist übrigens Ananas-Salbei, der mit seiner Süße wunderbar zu den Gnocchi schmeckt.

1/2 Kürbis, etwa 600 g

1 Kartoffel

2 EL Weißwein

1 TL eingekochtes Suppengrün

200–250 g Mehl

2 Eier

1 EL frischer Salbei
(Tipp: Ananas-Salbei)

1 Lorbeerblatt

1 Prise Zimt, 1 Prise Nelken-pulver, 1 Prise Ingwerpulver, 1 Prise geriebene Muskatnuss

schwarzer Pfeffer

1/2 TL Salz

1 EL Butter zum Anbraten

frischer Parmesankäse

ROTE BETE

Auf den Knien
Gräbt man bestens
Spatentief
Gen Purpurglück

Wenn dann beten
Alle Knospen
Auf der Zunge
Rot verzückt

Hält die Wilde
Ihr Versprechen
Trifft ins Mark
Und das beglückt.

Ernst Bohne

B. rouge à feuillage ornemental.
Réd. au cinquième.

SAFTIG-SCHOKOLADIGER ROTE-BETE-KUCHEN

Mit dem Rote-Bete-Kuchen verhält es sich ähnlich wie mit einem saftigen Karottenkuchen. Von dem Gemüse schmeckt man nichts, aber es trägt entscheidend dazu bei, dass der Kuchen herrlich saftig daherkommt. Diese Backkreation zählt schon seit längerem zu meinen Lieblingskuchen.

1 Den Backofen auf 160 Grad vorheizen.

2 Die Rote Bete in kochendem Wasser etwa 30 Minuten lang kochen. Anschließend schälen und reiben. Die Vanilleschote auskratzen und das Mark zur Roten Bete geben.

3 Die Eier trennen und das Eiweiß mit einem Teil des Zuckers steif schlagen.

4 Die Eigelbe mit dem restlichen Zucker, der Prise Salz und der klein geschnittenen Butter schaumig rühren.

5 Die Mandeln kurz in der Pfanne ohne Fett anrösten und auskühlen lassen.

6 Die Schokolade im Wasserbad schmelzen.

7 Nun die Schokolade langsam zum Eigelb-Butter-Gemisch geben. Das Mehl und Backpulver mischen, sieben und unterheben. Ebenso die Mandeln dazugeben, die geriebene Rote Bete und zum Schluss das Eiweiß unterheben. Entweder in eine eingefettete Springform oder auf ein Blech streichen.

8 Als Blechkuchen bei etwa 160 Grad 35 Minuten lang backen. In der Springform 15 Minuten länger backen.

180 g Butter

150 g Zartbitter-Schokolade

150 g Mehl

2 TL Backpulver

200 g Rote Bete

1 Vanilleschote

3 Eier

100 g gemahlene Mandeln

180 g Mascobado-Zucker

1 Prise Fleur de Sel

Puderzucker zum Bestreuen

ROTE BETE
BROTAUFSTRICH

Die Landfrau

500 g Rote Bete

150 g Quinoa

50 g gemahlene Mandeln

100 ml frisch gepressten Zitronensaft

150 g Joghurt

2 Frühlingszwiebeln

1 cm klein geschnittenen Ingwer

1 TL gemahlenen Koriander

1 rote Peperoni

1 Knoblauchzehe

2 EL Olivenöl

Salz, Pfeffer

Mon. Tue. Wed. Thu.

ROTE-BETE-QUINOA-BROTAUFSTRICH

Dieser schmackhafte Rote-Bete-Dip eignet sich bestens als feine Beilage zu Gegrilltem. Rote Bete besticht durch viel Eisen, erhöht die sportliche Ausdauer und hilft hohen Blutdruck deutlich zu senken.

1   Zuerst wird die Quinoa gewaschen und bei geschlossenem Deckel 12 Minuten gekocht. Nun etwas salzen und 1 EL Olivenöl unterrühren. Deckel wieder auf den Topf setzen und die Quinoa noch 10 Minuten nachquellen lassen.

2   Die Rote Bete waschen und ebenfalls kochen. 30 Minuten reichen und dann wird sie geschält und fein gewürfelt.

3   Das Dressing aus Joghurt, Zitronensaft, Ingwer, Korianderpulver, klein geschnittener Peperoni, zerdrücktem Knoblauch, Olivenöl, Salz und Pfeffer herstellen.

4   Die Quinoa mit der Roten Bete vermengen und das Dressing unterheben.

5   Die Mandeln in der Pfanne anrösten, dann die klein geschnittene Frühlingszwiebeln anbraten. Beides ebenfalls unter den Aufstrich geben.

6   Voilà! Fertig ist euer Brotaufstrich. Er schmeckt übrigens toll zu selbst gebackenem Walnuss-Zwiebel-Baguette (Rezept siehe Seite 178).

Sat.   Sun.   MON.   TUE.   WED.   THU.   F

Erdkunde

Otto Neußer

Regensburg Zeisstraße

5./ Gren. Btl. 4

H-M- HEFT

80 g/qm frei

KRAUT

KRAUTKUCHEN

1   Den Hefewürfel in 200 ml Wasser auflösen.
    50 g Zucker zugeben. Alles nach 5 Minuten in
    die Mulde des gesiebten Mehles geben und gut
    verkneten. Eventuell nochmals etwas Wasser
    nachgeben. Es sollte ein homogener Teig ent-
    stehen. Diesen dann 1 Stunde abgedeckt gehen
    lassen. Nun ausrollen und auf ein eingeöltes
    Backblech legen.

2   Das Kraut in feine Streifen schneiden oder
    hobeln. Den klein geschnittenen Speck in einer
    Pfanne mit dem Olivenöl anbraten, die gewür-
    felte Zwiebel zugeben und dann das Kraut. Den
    Deckel aufsetzen und alles 10 Minuten garen.
    Immer wieder umrühren.

3   Den Schmand mit dem Ei verrühren und mit
    etwas geriebener Muskatnuss, Salz und Pfeffer
    würzen. Den Emmentaler zum Schmand rüh-
    ren.

4   Den Schmand auf den Teig geben, dann das
    Kraut darauf verteilen. Wer mag, kann noch
    etwas Kümmel darüberstreuen.

5   Das Ganze wird dann für etwa 30 Minuten bei
    180 Grad Umluft in den Ofen geschoben.

1/2 Spitzkohl

100 g Speckwürfel (Vegetarier
lassen den Speck einfach weg)

1 Zwiebel

2 EL Olivenöl

Belag:

1 Becher Schmand

200 g geriebenen Emmentaler

1 Ei

Muskatnuss

Salz und Pfeffer

ganzer Kümmel

Teig:

1 Hefewürfel

200 ml Wasser

300 g Mehl

50 g Zucker

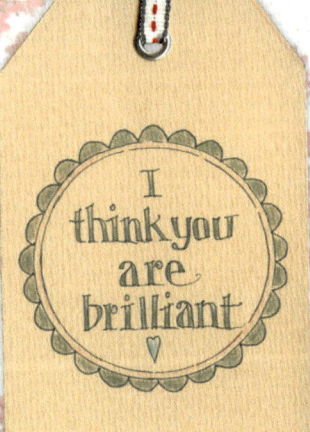

I
think you
are
brilliant

FILDERKRAUT MIT BASMATIREIS, MINZE UND DUKKA

Gleich vor meiner Haustüre wächst das legendäre Filderkraut. Diese Spitzkohl-Art wird auf der fruchtbaren Hochebene südlich von Stuttgart angebaut. Das feinschmeckende Kraut wurde schon gleich nach der Eröffnung der Filderbahn im Jahr 1888 ins Elsass und sogar bis nach Paris exportiert. Da das Filderkraut sehr druckempfindlich ist, wird es bis heute von den Bauern von Hand geerntet. Dieses Edelgemüse möchte ich euch in einer völlig neuen Variante vorstellen. In Basmatireis, mit Minze und Dukkah, liefert diese krautige Vitamin-C-Bombe einen knackigen und wohlschmeckenden Beitrag, der zudem äußerst kalorienarm ist.

1 Vom Filderkraut entfernt ihr den Strunk und schneidet es in schmale Streifen.

2 Die Butter wird in einem Topf geschmolzen und das Filderkraut hineingegeben. Ihr würzt das Filderkraut mit Salz und gebt die Brühe dazu.

3 Anis- und Fenchelsamen kurz mörsern und mit zum Kraut geben. Mit geschlossenem Deckel wird das Kraut nun 5 Minuten gegart.

4 Parallel wird der Basmatireis mit einem kleinen Bodensatz Wasser (etwa 5 EL) gekocht. Hierfür den Reis einmal kurz aufkochen lassen und dann den Herd auf Stufe 2 schalten und den Deckel auf den Topf setzen. Nach 5 Minuten umrühren und prüfen, ob nochmals etwas Wasser nötg ist. Nach etwa 10 Minuten ist euer Reis gar.

5 Ihr mischt nun den fertig gegarten Reis mit dem Filderkraut, salzt eventuell nochmals etwas nach und hebt die klein geschnittene Minze darunter. Den Zitronensaft über dem Gericht verteilen. Zum Schluss wird das Gericht mit Dukka bestreut.

150 g Basmatireis

150 g Filderkraut

250 ml Brühe

1 Bund Minze

1 EL Dukka
(siehe Rezept Seite 62)

2 TL Butter

1 TL Salz

1/2 TL Anissamen

1/2 TL Fenchelsamen

Saft einer halben Bio-Zitrone

QUITTENPASTETE

wenn sie der oktober ins astwerk hängte,

ausgebeulte lampions, war es zeit:

wir pflückten quitten, wuchteten körbeweise

gelb in die küche

unters wasser.

apfel und birne reiften ihrem namen zu,

einer schlichten süße –

anders als die quitte an ihrem baum

im hintersten winkel

meines alphabets, im latein des gartens,

hart und fremd in ihrem arom. wir schnitten,

viertelten, entkernten das fleisch

(vier große hände, zwei kleine),

schemenhaft im dampf des entsafters,

gaben zucker, hitze, mühe zu etwas,

das sich roh dem mund versagte.

wer konnte, wollte quitten begreifen,

ihr gelee, in bauchigen gläsern

für die dunklen tage

in den regalen aufgereiht,

in einem keller von tagen,

 wo sie leuchteten, leuchten.

Jan Wagner
(aus: Achtzehn Pasteten, Berlin Verlag, Berlin 2007)

Bild: Diethard Sohn • www.diethard-sohn.com

200 g Mehl

2 gestrichene TL Backpulver
(alternativ Weinsteinbackpulver)

150 g Butter

100 g Mascobado-Zucker

1 TL Bourbonvanille

3 Eier

Abrieb von einer Bio-Zitrone

3 EL Milch

50 g Mandelblättchen

2 EL Puderzucker

750 g *Quittenmus:*

etwa 1 kg Quitten

3 EL Weißwein

200 ml Wasser

50 g Zucker

Prise Zimt

QUITTENKUCHEN

1 Zuerst stellt ihr aus etwa 1 kg Quitten das Mus her. Hierfür die Quitten abreiben und von ihrem Pelz und vom Kerngehäuse befreien. In etwas Weißwein und Wasser werden die Quitten weich gekocht. Nun gebt ihr die Quitten durch ein Passiersieb (Flotte Lotte). Zucker und Zimt einrühren. Es sollte eine Konsistenz wie Apfelmus haben.

2 Die Butter mit dem Zucker und Vanillezucker schaumig rühren. Den Zitronenabrieb und die Eier zugeben. Das Mehl und das Backpulver vermengen, sieben und mit der Milch nach und nach unter die Eiermasse rühren.

3 Eine Springform einfetten und den Teig hineingeben. Auf dem Teig verteilt ihr das Quittenmus. Auf das Mus kommen die Mandelblättchen, die ihr zuvor mit Puderzucker vermengt habt.

4 Backzeit etwa 50 Minuten bei 175 Grad. Über den ausgekühlten Kuchen könnt ihr nochmals etwas Puderzucker streuen.

Tipp: Falls ihr im Herbst Quittengelee zubereitet, habt ihr vielleicht auch Quittenmusreste, die ihr hiermit wunderbar verwertet bekommt, indem ihr sie für diesen Quittenkuchen verwendet. Durch ein Passiersieb gegeben, um es von Kernen und Schale zu befreien, lässt sich unter Zugabe von Zucker aber auch Quittenbrot im Ofen daraus herstellen, das aufgeschnitten herrlich zu rezentem Käse harmoniert. Hierfür ein mit Butterbrotpapier ausgelegtes Blech damit bestreichen und für etwa 2 Stunden im 100 Grad warmen Backofen trocknen.

DIE LANDFRAU
TISCHT AUF:

- SALAT VOM TISCH
  MIT GRANATAPFELDRESSING

- MINIPIZZEN MIT
  KARTOFFELN

- PIZZAZOPF MIT TOMATEN,
  SALSICCIA + OLIVEN

- PIZZA GORGONZOLA,
  WALNUSS, BIRNE

- ORANGENKUCHEN

PIZZA

Was wäre das Leben ohne Pizza? Für die Zubereitung gibt es unzählige Möglichkeiten: Ihr könnt den Hefeteig süß belegen wie einen Flammkuchen mit Äpfeln aus dem Elsass, ihn zum Zopf flechten, einen Focaccia-Ring daraus formen oder den Hefeteig füllen. Kinder lieben Pizza Margherita. Ich habe hier einige köstliche Varianten für euch und bin mir sicher, dass eine für euren Geschmack dabei ist. Also ran an den Teig!

HEFETEIG

Das Mehl sieben. Den Hefewürfel in 200 ml warmem Wasser und 1 TL Rohrzucker auflösen, 5 Minuten stehen lassen. Dann die Hefe dem Mehl nach und nach zugeben und alles gut kneten. Das Olivenöl ebenfalls löffelweise zugeben. Salz unterrühren. So lange kneten, bis ein homogener Teig entstanden ist. Dann zur Kugel formen und in eine Schüssel geben. Abgedeckt 1 Stunde gehen lassen.

FÜR EIN BLECH PIZZA

400 gesiebtes Mehl

1 Hefewürfel

200 ml warmes Wasser

3 EL gutes Olivenöl

1 TL Salz

1 TL Rohrzucker

Tipp

Das A und O für eine gute Pizza ist der Teig. Hier zeige ich euch einen Kniff, damit der Hefeteig schön aufgeht und ihr ihn extra dünn ausrollen könnt: Siebt das Mehl – ihr werdet sehen, das bewirkt Wunder und der Hefeteig bekommt beim Gehen richtig Volumen.

TOMATENSAUCE À LA LANDFRAU

Die Zwiebel klein schneiden und in Olivenöl braun anbraten. Den Knoblauch zugeben und mit dem Rotwein ablöschen. Nun den Orangenabrieb, die Gewürze, den Zucker und die Tomaten zugeben. Alles zusammen 30 Minuten auf kleiner Flamme kochen lassen. Zum Schluss, wenn nötig, nochmal etwas Wasser zugeben.

1 Dose gehackte Tomaten oder 3 frische Tomaten, enthäutet und entkernt

1 Zwiebel oder 4 Frühlingszwiebeln

1 Knoblauchzehe

Abrieb einer halben Bio-Orange

1 Prise Zimt

100 ml Rotwein, alternativ Balsamicoessig

100 ml Wasser

1 TL getrocknetes Basilikum

1 TL getrockneter Oregano

je 1 Stängel frischer Salbei und Rosmarin

Salz, Pfeffer, etwas Zucker

1 EL Olivenöl

PIZZA MIT SALSICCIA

Tomatensauce wie auf Seite 136 beschrieben kochen. Teig wie auf Seite 136 beschrieben zubereiten.

BELAG

2 EL schwarze Oliven

1 Stängel frisches Basilikum

1 Salsiccia

Streukäse

1 Den Teig länglich auf einem eingefetteten Backblech ausrollen und an den Seiten einschneiden. Ihr gebt die Tomatensauce auf den Teig, Dann kommen schwarze Oliven dazu, etwas frischer Basilikum und die Salsiccia schneidet ihr auf und verteilt den Inhalt ebenfalls auf dem ausgerollten Teig. Mit Streukäse bestreuen.

2 Dann den Teig wie bei einem geflochtenen Zopf über die Füllung legen.

3 Bei 180 Grad 20 Minuten backen.

PIZZA GORGONZOLA-BIRNE-WALNUSS

Hefeteig – wie auf Seite 136 beschrieben herstellen.

1 Becher Sauerrahm (200 g)

1 Bund Schnittlauch

150 g Gorgonzola

1 TL Honig

100 g Walnüsse

3 Birnen

1 Päckchen Mozzarella

Salz

1 Hefeteig dünn auf einem Backblech ausrollen.

2 Die Birnen werden geschält, das Kerngehäuse entfernt und in dünne Scheiben geschnitten.

3 Den Schnittlauch klein schneiden und zum Sauerrahm geben. Den Gorgonzola klein schneiden und ebenfalls dem Sauerrahm zugeben. Die Masse salzen, den Honig unterrühren und auf dem Teig verstreichen. Die Birnenscheiben darauflegen. Die Walnüsse etwas klein hacken und darauf verteilen.

4 Bei 180 Grad etwa 15 Minuten backen.

KARTOFFELPIZZA MIT TRÜFFELÖL

Hefeteig wie auf Seite 136 beschrieben zubereiten.

Öl zum Einfetten

150 g Sauerrahm

1 EL geriebener Parmesan

1 TL Kräuter der Provence (Rosmarin, Salbei, Thymian)

3 Kartoffeln

1 Päckchen Mozzarella

Salz und Pfeffer

etwas Trüffelöl

1   Den Teig rollt ihr aus und gebt ihn in eingefettete Förmchen oder auf ein Blech.

2   Den Sauerrahm mit dem Parmesan, dem Mozzarella, Salz, Pfeffer und den Kräutern der Provence vermengen.

3   Die Kartoffeln schälen und in ganz dünne Scheiben hobeln.

4   Nun wird die Sauerrahmmasse auf dem Teig verteilt, dann werden die Kartoffelscheiben aufgelegt (wie bei einem Gratin).

5   Die Pizza 25 Minuten bei 180 Grad im Ofen backen. Jetzt macht ihr die Gabelprobe. Sind die Kartoffeln weich, ist die Pizza fertig.

6   Trüffelöl nach Belieben drüberträufeln. Aber Achtung: Trüffelöl ist sehr intensiv im Geschmack!

DAS GEBURTSTAGSFEST

Wenn ihr einem lieben Menschen eine Freude in Form von Gebackenem bereiten wollt, so denkt einfach darüber nach, was der- oder diejenige gerne mag. Sei es ein Hobby, der Beruf, Tiere, eine Sportart oder vielleicht einfach nur eine Farbe oder Geschmacksrichtung: Schon habt ihr ein Thema für euer Gebackenes. Hier zeige ich euch, was alles möglich ist. Meine Tochter ist eine sehr kreative Bäckerin und so fließen ihre Backkreationen hier mit ein. Und denkt immer daran, es muss nicht perfekt aussehen, es geht ausschließlich darum, dass ihr an jemanden gedacht habt und euch für ihn Zeit genommen habt.

HEUTE 🤍 GEBURTSTAGSFEST

Happy Birthday

BASKETBALL-BUTTERPLÄTZCHEN

Die große Leidenschaft meiner Tochter Marie ist Basketball. Für ihr Team hat sie diese Butterplätzchen gebacken. Und zu ihrem Geburtstag haben wir uns ins Zeug gelegt mit dieser Basketball-Torte, die auf dem Rezept der Bommeltorte (Rezept siehe Seite 148) beruht.

1 Die Butter schneidet ihr in kleine Stücke und vermengt sie mit den restlichen Zutaten. Ihr knetet den Teig so lange, bis er keine Klümpchen mehr hat. Dann stellt ihr ihn für 30 Minuten abgedeckt in den Kühlschrank.

2 Auf einer bemehlten Fläche rollt ihr den Teig etwa 5 mm dick aus. Stecht den Teig mit dem Förmchen oder der Tasse aus und legt die Teigstücke auf ein Backblech, das mit Backpapier ausgelegt ist.

3 Bei 180 Grad sind die Plätzchen nach 5 bis 7 Minuten fertig.

4 Wir haben einen Zuckerguss aus 250 g Puderzucker und dem Saft einer Limette hergestellt. Darauf bleiben Hagelzucker, Streusel aller Art oder Mandeln wunderbar kleben. Für die Basketball-Plätzchen müsst ihr zuerst den orangenen Zuckerguss mit einem Pinsel auftragen und ihn antrocknen lassen. Gebt dann den schwarzen Zuckerguss in eine Verzierflasche mit kleiner Öffnung, damit ihr die schwarzen Linien gut zeichnen könnt.

BUTTERPLÄTZCHEN

300 g Mehl

150 g Zucker

200 g Butter

1 Ei

1 Päckchen Vanillezucker

1 Prise Salz

rundes Förmchen
oder Tasse zum Ausstechen

Backpinsel

Verzierfläschchen zum Linien
ziehen (alternativ Gefrierbeutel
mit abgeschnittener Ecke)

ZUCKER-ZITRONENGUSS

250 g Puderzucker

etwa 4 EL Limetten-
oder Zitronensaft

orangenes und schwarzes
Lebensmittel-Farbpulver

GIRLS BIRTHDAY

LEMON-CURD-TORTE

HERZLICH WILLKOMMEN
OMA-MAMI

180 g Mehl

120 g Zucker

6 Eier

300 g Marzipan

1 Glas Erdbeermarmelade

2 EL Puderzucker zum Ausrollen des Marzipans

Frischhaltefolie zum Ausrollen des Fondants

2 mal 200 g verschiedenfarbigen Fondant

Bänder und Spitze für die Deko

runde Ausstechförmchen

Füllung

1 Päckchen Vanille-Puddingpulver

200 ml Milch

150 g Zucker

250 g Quark

1 Becher Schlagsahne

150 g Beeren (frisch oder gefroren)

1 Banane

WIMPELKETTE AUS PAPIER

Druckt euch aus dem Internet Musterpapier auf DIN-A4-Blätter aus und schneidet das Papier diagonal durch. Nun tackert ihr die Wimpel aneinander und hängt sie mit Klammern an eine Schnur.

BOMMELTORTE »MÄDCHENTRAUM«

Seit meine Tochter klein ist, macht es mir eine Riesenfreude, ihre Geburtstage rundum zu inszenieren. Ihr Antlitz am Geburtstagsmorgen, wenn sie mit großen Augen ihre Torte bewundert, erfreut mich so sehr, dass ich dafür keine Mühen scheue. Um ein schönes Gesamtergebnis zu erreichen, verwende ich zwei Farben, an denen ich mich orientiere – in diesem Falle waren es Rosa und Hellblau. Diese beiden Farben finden sich bei den Ballons, bei den Wimpeln, dem Tortenfondant und der Farbe der Geschenkverpackungen wieder. Zur Krönung setze ich der Torte einen Pompom aus Wolle auf. Natürlich in »Mädchentraumrosa«.

Dieses Rezept lässt sich für alle möglichen Kuchenformen verwenden. Die Füllung könnt ihr ebenfalls variieren, mal mit Beeren, Banane-Schoko oder Früchten.

ZUBEREITUNG BISKUIT

1 Eine große und eine kleine Backform mit Backpapier auslegen.

2 Die Eier trennen. Eiweiß steif schlagen.

3 Das Eigelb mit 120 g Zucker schaumig schlagen, bis die Masse weiß ist.

4 Feines, gesiebtes Mehl unter die Eigelb-Masse rühren.

5 Den Eischnee vorsichtig unter die Eigelb-Masse heben.

6 Sofort in die Formen füllen und bei 180 Grad 25 Minuten lang backen.

7 Beide Biskuits zum Befüllen auseinanderschneiden und auskühlen lassen.

ZUBEREITUNG TORTE

1 Zuerst bereitet ihr den Pudding zu und verwendet dafür etwas weniger Milch als angegeben. In den ausgekühlten Pudding gebt ihr steif geschlagene Sahne, den Quark und das klein geschnittene Obst. Mit 150 g Zucker oder Ahornsirup süßen.

2 Den großen Tortenboden mit der Masse bestreichen und das Oberteil wieder daraufsetzen. Genauso den kleinen Boden halbieren und mit der Pudding-Quark-Masse bestreichen. Etwas Puddingmasse zum Zusammenkleben aufheben.

3 Die Tortenteile mit Erdbeermarmelade bestreichen, damit das Marzipan besser haftet. Alternativ könnt ihr auch Buttercreme verwenden (Butter und Zucker schaumig schlagen).

4 Das Marzipan auf einer mit Puderzucker bestreuten Fläche ausrollen und sowohl auf den großen als auch auf den kleinen Tortenboden legen und glattstreichen. Dies dient als Grundlage für den Fondant, um Unebenheiten auszugleichen.

5 Die Fondants zwischen zwei Lagen Frischhaltefolie dünn ausrollen und aus beiden Farben Kreise für die spätere Verzierung ausstechen. Nun den Fondant für die Tortenböden groß genug ausrollen, so dass er noch etwas übersteht. Mit nassen Fingern oder einem Teigschaber können Falten oder Unebenheiten beseitigt werden. Zum Schluss mit dem Messer den überstehenden Fondant abschneiden.

6 Dann etwas Füllmasse in die Mitte des großen Bodens geben, glatt streichen und den kleinen Boden darauf setzen. Spitzenbänder auflegen, um die Übergänge zu verschönern. Hier könnt ihr natürlich auch ausgerollten Fondant anstatt der Bänder verwenden.

7 Die ausgestochenen Tupfen mit etwas Wasser bestreichen und auf der Torte verteilen.

8 Zum Abschluss die Torte mit Kerzen, Zahlen, Gummitieren, Röschen oder Obst verzieren. Eurer Fantasie sind keine Grenzen gesetzt.

WEISSWEIN-ZIMT-PUNSCH UND KINDERPUNSCH

In England habe ich die ersten umstrickten Kaffeekannen kennen gelernt und seitdem packt mich im Winter regelrecht das Strickfieber und selbst Teegläser werden mit Strickkleid bedacht. Somit bleibt der Inhalt schön heiß und die gestrickten Schätze bringen wohlige Behaglichkeit ins Haus. Die Strickanleitungen findet ihr auf meinen Blog www.dielandfrau.com

WEISSWEIN-ZIMT-PUNSCH

Es muss nicht immer Rotwein sein. Der Weißwein-Zimt-Punsch enthält vielerlei Gewürze, die geschmacklich an einen Chai erinnern. Wer keinen Alkohol mag, tauscht den Weißwein einfach gegen hellen Trauben- oder Apfelsaft aus.

1   Den Weißwein erhitzen, aber nicht kochen lassen. Den Ingwer schälen und klein schneiden. Den Apfel schälen und das Kerngehäuse entfernen.

2   Ingwer, Apfel, Gewürze, Zucker, Orangenabrieb und den Saft der Orange dem Wein zugeben. Nach 5 Minuten könnt ihr den Topf vom Herd nehmen und alles durch ein Sieb geben.

3   Nun werden die Mandelstifte ohne Fett angebraten und in den Punsch gegeben, ebenso die Rosinen. Wem der Punsch nicht süß genug ist, kann ihn noch mit Honig süßen.

KINDERPUNSCH

Die Säfte zusammen erwärmen und mit Zimt und Nelkenpulver würzen. Zum Schluss den frisch gepressten Orangensaft hinzugeben. Wer mag, kann mit Honig noch nachsüßen.

WEISSWEIN-ZIMT-PUNSCH

1 Flasche Weißwein

4 cm großes Stück Ingwer

1 Apfel

Saft und Abrieb einer Bio-Orange

5–7 EL Zucker

1 Prise Nelkenpulver

1 TL Zimtpulver

2 Pimentkörner

1 Prise Koriandersamen

1 Sternanis

5 TL Mandelstifte

5 TL Rosinen

Honig zum Süßen

KINDERPUNSCH

1/2 Flasche Apfelsaft

1/2 Flasche roten Trauben- oder Heidelbeersaft

Saft von 2 Bio-Orangen

1 Prise Zimt

1 Prise Nelkenpulver

Honig zum Süßen nach Belieben

ADVENTSKALENDER MIT LONDON-MOTIVEN

Aus alten Dosen lassen sich herrliche Dinge basteln. Zum Beispiel diesen London-Adventskalender. Das Gute ist, ihr könnt ihn im Folgejahr wiederverwenden. Jedes Jahr hat seine Schwerpunkte. Bei meiner Tochter war das eine Londonreise und so lässt sich jedes Jahr ein Motto finden, unter dem der Adventskalender steht, und er lässt sich gut abwandeln. Die typischen britischen Motive habe ich gezeichnet und koloriert. Den Download zu den Londonmotiven findet ihr auf meinem Blog: www.dielandfrau.com. Schön zum Bekleben sind auch Fotos, Bilder aus Zeitschriften, Tiere, Stars oder Tupfen – der Fantasie sind hier keine Grenzen gesetzt.

1 In die Dosen bohrt ihr je zwei Löcher, die zur Befestigung des Aufhängedrahtes dienen. Legt beim Bohren ein Holzstück unter, damit der Bohrer im Holz landet; dann habt ihr mehr Halt und die Dose verbiegt sich nicht. Die Löcher nun entgraten und glatt schleifen, damit keine scharfkantigen Ecken abstehen. Man kann sich sonst leicht verletzen.

2 Führt den Draht nun durch die beiden Löcher, biegt die Drahtenden um und wickelt sie noch ein paar Mal um den Drahtbügel, so dass alles fest hält.

3 Nun schneidet ihr aus dem Geschenkpapier Banderolen, die ihr mit Klebestoff auf die Dosen klebt. Ich habe Packpapier und gestreiftes Papier verwendet.

4 Die Zahlen könnt ihr fertig kaufen, draufmalen oder ihr bestempelt Blanko-Etiketten (gibt es mit Zahlenstempeln).

5 Die Wäscheklammern beklebt ihr mit dem Masking-Tape.

6 Die Geschenke habe ich mit Seidenpapier eingepackt und Tupfen darauf geklebt, damit die Dosen nicht gleich den Inhalt verraten.

Und nun viel Freude bei der weihnachtlichen Bastelei.

24 Dosen unterschiedlicher Größe

Draht

Zange

Schleifpapier

Geschenkpapier zum Verkleiden der Dosen

24 Zahlenaufkleber oder Blanko-Etiketten (gibt es z. B. bei www.marthastewart.com)

Zahlenstempel und Stempelkissen

Seidenpapier zum Verpacken der Geschenke

Klebepunkte

24 Wäscheklammern

Masking-Tape

Klebestift

Bohrer

Hammer

QUICHE-TEIG

250 g Mehl

130 g Butter

1 Ei

3 EL Milch

1/2 TL Salz

QUICHE-FÜLLUNG

2 Becher Sauerrahm (500 g)

200 g Feta

1 Rote Bete

1 Gelbe Bete

1 Weiße Bete

1 Ei

1 Bund Schnittlauch

5 Frühlingszwiebeln

geriebene Muskatnuss, Salz, Pfeffer

1 EL Pinienkerne

1 TL Butter

WURZELGEMÜSE-QUICHE

Schaut euch mal auf dem Markt nach alten Bete-Sorten um. Diese gibt es in Gelb und in Weiß. Sie schmecken weniger erdig als die klassische, veredelte Rote Bete, sind süßlich im Geschmack und in dieser Quiche ein Gedicht. Für die Quiche könnt ihr aber auch alle möglichen anderen Gemüse verwenden, sei es Sellerie, Petersilienwurzel, Karotten oder Pastinaken. Je nachdem, was die Jahreszeit hergibt.

QUICHE-TEIG

1 Mehl, Salz, Ei und Butter miteinander verrühren, die Milch nach und nach zugeben. Es sollte ein glatter Teig entstehen.

2 Den Teig abdecken und 1 Stunde im Kühlschrank kalt stellen.

3 Nun ausrollen und in eine eingefettete Form geben.

4 Der Teig wird 10 Minuten bei 180 Grad vorgebacken.

QUICHE-FÜLLUNG

1 Die Frühlingszwiebeln, den Feta und den Schnittlauch klein schneiden und mit dem Sauerrahm und dem Ei vermengen und würzen.

2 Die Beeten 5 Minuten in 200 ml kochendem Wasser vordünsten. Auskühlen lassen. Schälen und in Würfel schneiden. Der Sauerrahmmasse zugeben.

3 Die Masse in den vorgebackenen Boden füllen und 30 Minuten bei 180 Grad backen. Passt auf, dass die Quiche oben nicht zu dunkel wird, gegebenenfalls mit Alufolie abdecken.

4 Pinienkerne in Butter bräunen, etwas salzen und über die fertige Quiche geben.

SELBSTGEMACHTE WEIHNACHTSBAUM-ANHÄNGER

Selbst gebastelter Weihnachtsschmuck lässt deinen Weihnachtsbaum sehr viel individueller strahlen und macht obendrein mehr Freude beim Betrachten der Kostbarkeiten. Ihr könnt Ausstecherformen als Schablone verwenden, sie aus Pappe ausschneiden und mit Stoff bekleben. Oder ihr malt Formen vor, übertragt sie auf Stoff, füllt sie und näht sie zusammen. Glückspilze, Eulen, Nikoläuse, Cupcakes, Zwerge, Vögel und Schneemänner verzieren sodann Geschenk und Baum.

ORANGEN

F.lli REBUFFINI S.r.l. - Milano

MARCA

FEDELTA'

Centro

IMPOR

AGRU

AGRU

OSSOBUCO
MIT ORANGENSAUCE UND SÜSSKARTOFFELN

Ossobuco bedeutet »Knochen mit Loch«. Zur Weihnachtszeit putzt sich dieses delikate italienische Schmorgericht mit weihnachtlichen Gewürzen heraus und ist ein wahres Fest für den Gaumen. Wenn ihr Lust und Zeit habt, könnt ihr vorab eine Tomatensauce kochen, dann wird die Sauce noch feiner. Das Rezept findet ihr auf Seite 136.

1 Das Fleisch in Mehl wenden, salzen, pfeffern und in Butter braten. Dem Sugo den Weißwein zugeben, ebenso die Gewürze wie Anis- und Fenchelsamen, Salz, Pfeffer, Zimt und Nelkenpulver, zerdrückte Knoblauchzehen, Chilischote, Lorbeerblatt, Orangenabrieb, gehackten Thymian und Rosmarin sowie die Pimentkörner.

2 Die klein geschnittenen Karotten und die Zwiebel mit dem Tomatenmark anbraten und mit dem Tomatensauce-Weißwein-Gemisch ablöschen.

3 Die Süßkartoffeln schälen, vierteln und salzen.

4 Das Gemüse mit dem Sud und die Süßkartoffeln kommen in die Auflaufform, das Fleisch obenauf.

5 Im vorgeheizten Backofen bei 180 Grad etwa 1 Stunde garen. Nach der Hälfte der Backzeit die Beinscheiben einmal wenden. Eventuell etwas Wasser zugeben.

6 Nach Ende der Garzeit die Orange auspressen und mit dem Bratensaft vermengen.

7 Die Chilischote und das Lorbeerblatt herausnehmen. Und: Nicht vergessen, das Mark aus den Knochen zu essen. Es schmeckt besonders gut.

4–5 Kalbshaxenscheiben mit Knochen
(am besten vom Hinterwälder Kalb)

2 EL Mehl

4–5 Karotten

2 Süßkartoffeln

50 g Tomatenmark

200 ml Tomatensugo, alternativ eine Dose Tomaten

3 Knoblauchzehen

1 Zwiebel

Abrieb einer Bio-Orange

Saft einer Orange

1/4 l Weißwein

1 Thymianzweig

1 Rosmarinzweig

1 Chilischote

1 Lorbeerblatt

etwas Anis- und Fenchelsamen

3 Pimentkörner

1 TL Zimt

1 Prise Nelkenpulver

Salz und Pfeffer

Butter

ORANGENKUCHEN MIT ORANGENSAHNE

Einmal Amalfiküste und zurück bitte – dieser Kuchen ist ein Traum und holt euch direkt die Sonne Italiens auf den Tisch. Die leicht karamellisierten Orangen, die vor dem Einfüllen des Teiges in der Backform ausgelegt werden, dazu das Aroma des Orangenliköres ... Traumhaft! Die Sahne könnt ihr noch mit Orangen-Lorbeer-Sirup und Orangenlikör mischen und dazuessen.

1 Den Backofen auf 170 Grad vorheizen. Die Backform oder die Gläser mit Butter einfetten. Wascht eine Orange mit heißem Wasser ab und schneidet sie in dünne Scheiben. Gebt diese in eine Pfanne mit 1 TL Butter und streut Zucker darüber. Nun lasst ihr die Orangenscheiben so lange in der Pfanne, bis sich der Zucker aufgelöst hat und leicht zu karamellisieren beginnt. Die Scheiben noch einmal wenden und dann aus der Pfanne nehmen und eine eingefettete Backform damit auslegen.

2 In der Küchenmaschine oder mit dem Rührgerät werden nun Butter, Zucker und das Eigelb cremig geschlagen. Den Orangensaft und die Schale (Zesten) einer Orange zugeben.

3 Das Mehl und das Backpulver sieben und unterrühren.

4 Das Eiweiß schlagen und ganz zum Schluss unterheben. Teig in die Form füllen.

5 Bei 170 Grad etwa 45 Minuten backen. Wenn euer Kuchen oben zu braun wird, den Ofen lieber auf 150 Grad runterdrehen oder mit Alufolie abdecken. Bei Muffins oder im Weckglas verkürzt sich die Backzeit auf 20 bis 25 Minuten. Hier gebt ihr auch nur eine kleine Scheibe Orange oben auf.

6 Wenn der Kuchen fertig ist, stürzt ihr ihn und piekst mit einem Zahnstocher Löcher in den Kuchen. Nun 1 TL Orangenlikör und den Saft einer halben Orange mischen. Puderzucker über den ausgekühlten Kuchen sieben.

7 Die Sahne schlagen, den Likör zugeben und fertig ist euer Kuchentraum.

2 Bio-Orangen

2 TL Butter

200 g weiche Butter

200 g Zucker

4 Eier

300 g Mehl

1 TL Backpulver

Zum Tränken:
1 TL Orangenlikör
und Saft einer Orange

1 TL Puderzucker

Saft einer Orange

ORANGENSAHNE

1 Becher Sahne

2 TL Orangenlikör

Saft von 5–6 Bio-Orangen

Zesten von 1 Bio-Orange

5 EL Zucker

1/2 l Wasser

1 Lorbeerblatt

ORANGEN-LORBEER-SIRUP

1 Mit dem Zestenschneider die Schale einer Orange in Streifen schneiden.

2 Den Zucker mit dem Wasser aufkochen und über die Orangenzesten geben.

3 Das Lorbeerblatt zugeben und zugedeckt 15 Minuten ziehen lassen.

4 Nun die Orangen auspressen.

5 Das Zucker-Wasser-Gemisch durch ein Sieb passieren. Den frischen Orangensaft zugeben. Für 1 Stunde in den Kühlschrank stellen. Mit Mineralwasser oder Sekt aufgießen.

ORANGEN-CRANBERRY-MARMELADE

1 Die Orangen auspressen. Von einer Orange die Schale abreiben. Die ausgepressten Orangenschalen ebenfalls mitkochen.

2 Lorbeerblatt, Zimt, Nelkenpulver und Cranberries zugeben. Nun einmal aufkochen lassen und dann die Orangenschalen entfernen.

3 Wenn ihr Gelierzucker verwendet, nehmt lieber etwas mehr, da der Orangensaft sonst nicht geliert. 2 : 1-Gelierzucker erfüllt hier voll und ganz seinen Zweck. Bei Geliermittel Pektin gilt: 15 g Pektin auf ein Kilo Früchte. Das Pektin wird zuvor mit kaltem Wasser angerührt.

4 Die Masse noch einmal aufkochen.

5 Nun wird noch das Lorbeerblatt entfernt und eine Gelierprobe durchgeführt.

6 In sterilisierte Gläser abfüllen und sofort verschließen.

7 Bio-Orangen

100 g Cranberries

je 1 Prise Zimt
und Nelkenpulver

1 Lorbeerblatt

Gelierzucker, Pektin
oder anderes Geliermittel

LEBKUCHENHÄUSER

Es ist schon Tradition in unserer Familie, dass wir alljährlich mit Freunden und vielen Kindern zu Weihnachten Lebkuchenhäuser backen. Die Hauptsache dabei ist, dass ausreichend Dekomaterial vorhanden ist, damit die Kinder ihr Haus ordentlich bunt und phantasievoll bekleben können.

Nach der Lebkuchenhaus-Aktion klebt der gesamte Küchenboden und natürlich die Kindermünder und alle Beteiligten gehen stolz mit ihrem Häuschen nach Hause. Die ganze Adventszeit hindurch verströmt das Lebkuchenhaus seinen wunderbaren Duft und das Häuschen ist ein hübscher Hingucker, der stets bewundernde Blicke auf sich zieht.

LEBKUCHENTEIG

Vorlagen für Lebkuchenhäuser findet ihr im Internet. Wir haben eine Holz-Unterkonstruktion, ihr könnt aber auch harte Pappe nehmen und diese mit dem Cutter in die richtige Form bringen. Der Lebkuchenteig wird einen Tag zuvor gebacken.

100 g Butter

250 g Honig

125 g Zucker

1/2 Päckchen Lebkuchengewürz

1 TL Kakao

Diese Zutaten erhitzt ihr auf dem Herd, lasst alles einmal aufkochen und dann abkühlen.

500 g Mehl

1/2 Päckchen Backpulver

1 Prise Salz

1 Ei

Das Mehl, Backpulver und die Prise Salz mischen und mit einem Ei in das Honiggemisch geben. Vermengen, durchkneten und ein paar Stunden ruhen lassen. Dann ausrollen, die Lebkuchenhausteile auf den Teig legen und ausschneiden. Bei 180 Grad etwa 10 Minuten backen. Eventuell nach dem Backen nochmals in Form schneiden, bevor der Lebkuchenteig fest wird. Achtung, der Lebkuchenteig kann leicht brechen!

PUDERZUCKER-EISCHNEE-MASSE

1 Eiweiß

200 g Puderzucker

Beides mit dem Rührgerät glattrühren und in einen Gefrierbeutel füllen. Eine kleine Ecke abschneiden und damit das Haus beschriften. Mit dieser Masse klebt ihr auch die Dekoration auf das Haus. Zur Verzierung eignen sich Mandeln, Zuckerperlen, Sternanis, Zimtstangen, Schokozahlen und -buchstaben, gebackene Plätzchen ...

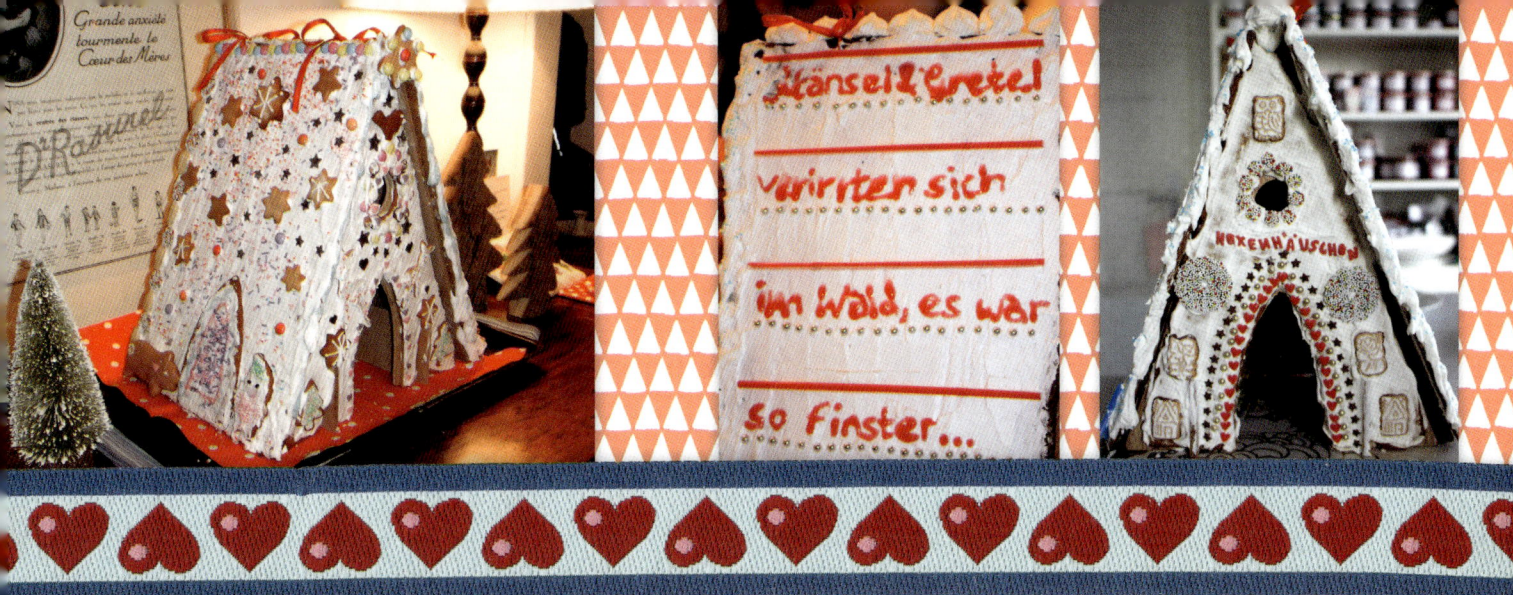

Hänsel & Gretel
verirrten sich
im Wald, es war
so finster...

HEXENHÄUSCHEN

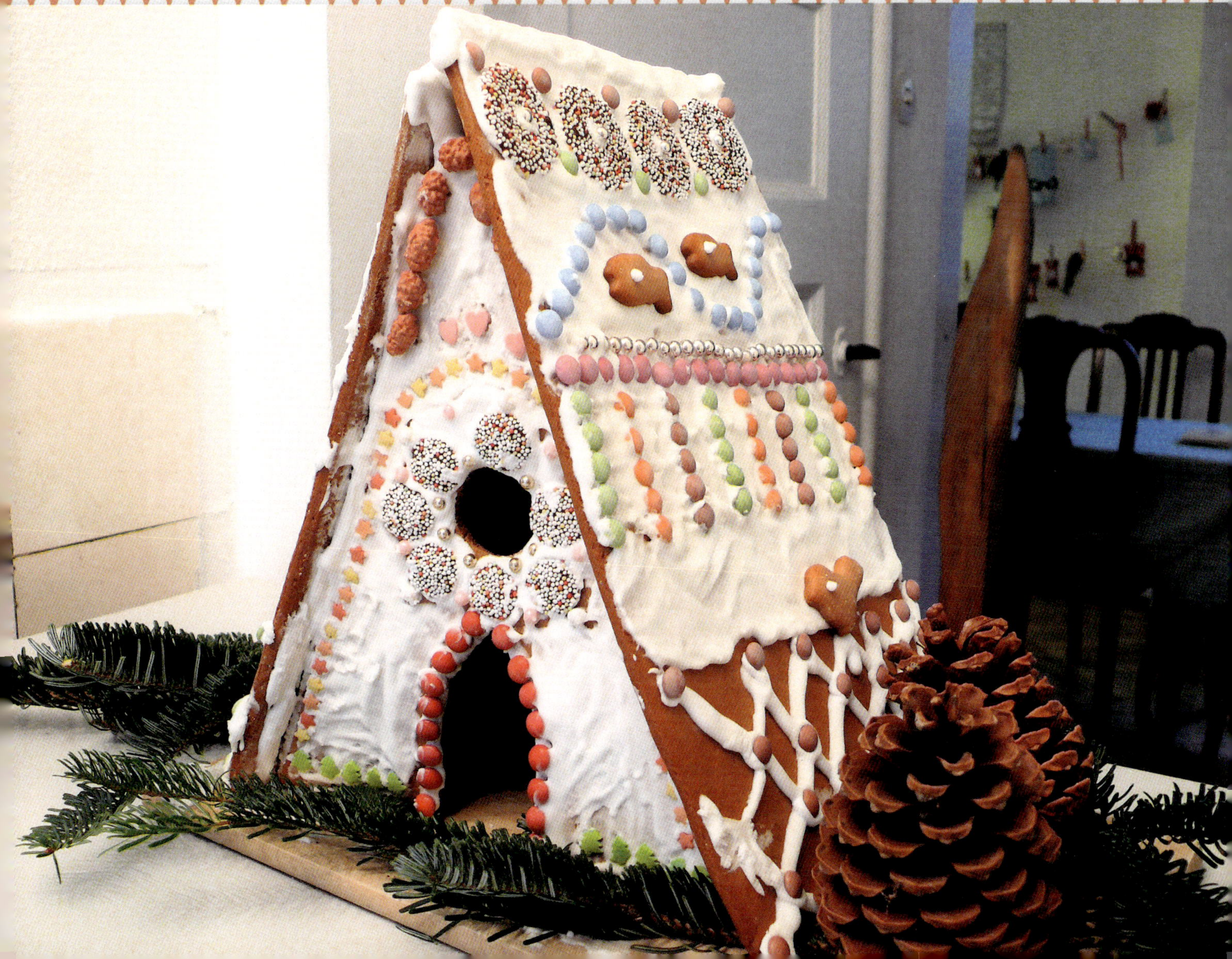

LEMON-CURD-SCHNECKEN

Lemon Curd ist eine süß-säuerliche Zitronencreme, die in Großbritannien sehr beliebt ist und als Brotaufstrich oder in Desserts Verwendung findet. Besonders lecker schmeckt Lemon Curd in Gebäck. Es lohnt sich, ihn selbst herzustellen. Diese Lemon-Curd-Schnecken erfreuen eure Freunde sicherlich und wenn sie dann noch im selbst genähten Sternenbeutelchen daherkommen, ist das Mitbringsel perfekt.

LEMON CURD

1 Von den Zitronen die Schale abreiben und den Saft auspressen.

2 Die Eier mit dem Zucker, dem Zitronensaft und dem Abrieb mischen und in einer Wasserbadschüssel auf einen Topf mit kochendem Wasser setzen. Achtung, das Wasser im Topf nur so hoch einfüllen, dass es nicht in die Eiermasse gelangen kann!

3 Nun wird die Masse mit dem Schneebesen aufgeschlagen. Hierbei so viel Luft wie möglich einrühren und vor allem kontinuierlich rühren, sonst gibt es Rührei. Das kann bis zu 10 Minuten dauern. Sobald die Masse eingedickt ist – ähnlich wie Pudding –, wird die Butter nach und nach untergerührt.

In Gläser abgefüllt hält der Lemon Curd bis zu zwei Wochen im Kühlschrank.

TEIG/FÜLLUNG

1 Das Mehl und eine Prise Salz in eine Schüssel sieben. Klein geschnittene, gewürfelte Butter, den Zucker und das Ei zugeben. Sauerrahm zugeben. Mit dem Knethaken des Handrührers verkneten oder in der Küchenmaschine zubereiten.

2 Den Teig in zwei Portionen teilen und mindestens 1 Stunde kalt stellen.

3 Währenddessen eine Zitrone heiß abspülen und die Schale reiben. 3 EL Lemon Curd zugeben und 1 EL braunen Zucker.

4 Eine Portion Teig zu einem Rechteck von 25 mal 35 cm ausrollen und die Ränder begradigen. Die Hälfte der Lemon-Curd-Zucker-Mixtur dünn auf den Teig streichen und eine Rolle formen.

5 Mit der zweiten Teighälfte genauso verfahren. Beide Rollen nochmals für 1 Stunde in den Kühlschrank stellen.

6 Nun wird mit einem Sägemesser die Rolle in 1 cm breite Stücke geschnitten. Die Schnecken auf ein mit Backpapier ausgelegtes Blech legen und für 10 bis 12 Minuten bei 180 Grad backen. Auf einem Kuchengitter abkühlen lassen.

7 Mit Puderzucker bestäuben. Zum Verschenken die Lemon-Curd-Schnecken auskühlen lassen, in eine Cellophan-Tüte füllen und dann in das Sternen-Beutelchen geben.

STERNEN-BEUTELCHEN

Den Stoff auf euer gewünschtes Maß schneiden plus 1 cm für die Naht an den Seiten und für den Boden sowie 2 cm für den Kordelzug oben mit einberechnen. Alle Seiten mit Zick-Zack-Naht versehen, damit der Stoff nicht ausfranst. An den Seiten und am Boden 1 cm Stoff nach innen umbügeln, mit Stecknadeln versehen und eine Naht setzen. Oben näht ihr dann den Stoff für den Kordelzug um. Hierfür den Stoff nach innen 2 cm umbügeln, mit Stecknadeln fixieren, dabei die Ecken nach innen umklappen, damit sie nicht überstehen. Die Seiten offen lassen, nicht zunähen, da die Kordel oder Schleife ja noch durch soll. Nun auf links drehen und die Teile zusammennähen. Die Kordel mit einer Sicherheitsnadel durch den Kordelkanal ziehen – fertig ist ein dekoratives Beutelchen, das nun befüllt werden kann.

LEMON CURD

3 Eier

150 g Zucker

Saft von 4 Bio-Zitronen

1 EL Zitronenabrieb

80 g Butter

TEIG

250 g Mehl

1 Prise Salz

180 g kalte Butter

75 g Sauerrahm

100 g Zucker

1 Ei

Mehl zum Ausrollen

FÜLLUNG

1 Bio-Zitrone

3 EL Lemon Curd

Abrieb einer Zitrone

1 EL Mascobado-Zucker

2 TL Puderzucker zum
Darübersieben.

GEBASTELTE KUVERTS

Magazine, Geschenkpapier oder alte Bücher geben
herrliche Motive für selbst gebastelte Kuverts. So habt ihr
stets ausreichend Kuverts, die, wie ihr sehen werdet, oft
zum Einsatz kommen. Hier habe ich die Menükarten darin
versteckt und mit der Nähmaschine den Namen auf die
Kuverts genäht. Die Vorlage für die Kuverts findet ihr auf
meinem Blog: www.dielandfrau.com

GENÄHTE FLASCHENHÜLLEN

Mit diesen Flaschenhüllen hat es ein Ende, dass unschöne Flaschen die festlich gedeckte Tafel stören. Aus edlem Leinenstoff gefertigt, sind die Hüllen nun Blickfang auf der Weihnachtstafel oder die passende Umverpackung für die Flasche Wein zum Verschenken. Vorne könnt ihr noch eine Tasche annähen, in der ein Flaschenöffner oder die Menükarte Platz findet. Oben nähen wir einen Tunnel, durch den Bänder geführt werden können, damit die Flaschenhülle nicht runterrutschen kann. So passt sich die Hülle jeder Flaschengröße an.

WALNUSS-ZWIEBEL-BAGUETTE MIT DATTELFRISCHKÄSE

WALNUSS-ZWIEBEL-BAGUETTE

Wer noch Nüsse im Keller hat, kann diese für das Walnuss-Baguette knacken. Das würzige Brot mit dem süßlich-scharfen Dattelfrischkäse lässt sich gerne von einem Glas Rotwein begleiten. Nun nur noch zurücklehnen und die Adventszeit genießen.

150 g Walnüsse

20 g Hefe

250 g Dinkel-Vollkornmehl

250 g Weizenmehl

350 ml Wasser

1 Zwiebel

1 TL Salz

2 TL Sesamsamen

Mehl für die Arbeitsfläche

1 Die Walnüsse knacken und hacken. Die Hefe in 350 ml warmem Wasser auflösen. Die Mehlsorten miteinander mischen und sieben. Die Hefe dazugeben, ebenso das Salz und alles gut verkneten.

2 Die klein geschnittenen Zwiebelringe in einer Pfanne anbraten. Die Nüsse ebenfalls anrösten. Beides zum Teig geben und 1 Stunde gehen lassen. Die Teigschüssel könnt ihr vielleicht auf die Heizung stellen, damit der Teig es schön warm hat.

3 Den Teig halbieren und zwei Baguette-Stangen daraus formen und auf ein mit Backpapier ausgelegtes Blech legen. Nochmals 45 Minuten gehen lassen. Mit Sesam bestreuen und bei 225 Grad mit Ober- und Unterhitze 20 Minuten backen. Auskühlen lassen.

DATTELFRISCHKÄSE

200 g Frischkäse

100 g Quark

50 g Schlagsahne

frischen Schnittlauch

Frühlingszwiebel

10 Datteln

1 Prise Chilipulver, 1 Prise Kurkuma, 1 TL Schwarzkümmelöl, Salz, Pfeffer

Die Datteln klein schneiden. Den Frischkäse mit dem Quark und der Sahne mischen und verrühren. Die klein geschnittene Frühlingszwiebel, das Salz, etwas Chilipulver und Kurkuma, 1 TL Schwarzkümmelöl und frischen schwarzen Pfeffer zugeben. Die Datteln nun dem abgeschmeckten Quark zugeben. Den Dattelfrischkäse ordentlich auf die Baguette-Scheiben schmieren und mit Schnittlauchröllchen bestreuen.

ZANDERFILET IM KARTOFFELNEST MIT GRANATAPFELREIS UND FENCHELGEMÜSE

GRANATAPFELREIS

200 g Basmatireis

etwa 1 Tasse Wasser

2 TL Butter

Salz

1 Kardamomkapsel

1 Granatapfel

Abrieb einer Bio-Zitrone

Den Basmatireis waschen und mit Wasser, Butter, Salz und einer Kardamomkapsel erst kurz auf hoher Stufe, dann auf Stufe 2 etwa 10 Minuten lang garen. Die Kardamomkapsel entnehmen. Die Granatapfelkerne aus der Schale drücken und mit dem Abrieb einer Zitrone unter den Basmatireis mischen. Nochmals salzen.

FENCHELGEMÜSE

2 Fenchel

250 ml Brühe

2 EL Olivenöl

Saft einer Bio-Zitrone (die Schale benötigt ihr für den Granatapfelreis)

1 Prise Fleur de Sel

1 TL Rosa Pfeffer, etwas gemörsert

Den Fenchel vierteln und den Strunk entfernen. Das Fenchelgrün etwas stutzen. Auf ein mit Backpapier ausgelegtes Blech legen, mit Brühe übergießen und mit Olivenöl, dem Saft einer Zitrone, Fleur de Sel und Rosa Pfeffer beträufeln. 25 Minuten bei 170 Grad im Ofen backen. Nach 15 Minuten den Fenchel wenden.

ZANDERFILET IM KARTOFFELNEST

4 Zanderfilets

1 Rosmarinzweig

1 Kartoffel

1 EL Pinienkerne

4 EL Butter

1 EL Mehl

Salz

Öl

1   Von der Kartoffel Julienne schneiden (sehr feine Streifen) und sie über Kreuz in eine Pfanne legen. In Öl vorsichtig ausbacken. Etwas salzen. Beiseitestellen.

2   Pinienkerne mit 3 EL Butter in einen Topf geben und langsam bräunen. Die Butter wird später als Sauce über dem Fisch verwendet.

3   Den Zander salzen und etwas mit Mehl bestäuben. In 1 EL Butter etwa 10 Minuten anbraten. Den Rosmarin mit in die Pfanne geben, so dass er sein Aroma abgeben kann.

4   Das Fenchelgemüse als Bett auf den Tellern verteilen, dann das Fischfilet auflegen und die braune Butter mit den Pinienkernen über den Fisch gießen. Das Kartoffelnest auflegen. Fertig ist euer weihnachtlicher Hauptgang.

MARZIPAN-RUMFRÜCHTE-MUFFINS

Dieses Rezept möchte ich dem größten Marzipan-Fan der Welt widmen: meinem Bruder Harald. Wenn ihr auch ganz narrisch auf Marzipan seid, solltet ihr dieses Rezept unbedingt nachmachen. Der feine weihnachtliche Geschmack kommt daher, dass ich die Zwetschgen vorab in Rum und braunem Mascobado-Zucker eingelegt habe. Das harmoniert prächtig mit dem Marzipan-Geschmack und macht die Muffins schön saftig.

1 Die Zwetschgen entsteinen und vierteln und in Rum, etwas braunem Zucker und Zimt für mindestens 2 Stunden einlegen.

2 Den Backofen auf 170 Grad vorheizen.

3 Nun schlagt ihr zuerst das Eiweiß steif und gebt etwas Zucker dazu. Füllt das Eiweiß in eine separate Schüssel. Nun werden das Eigelb, die Butter, der restliche Zucker, das Backpulver und der Zimt verrührt. Das Mehl langsam unterrühren. Das Marzipan reibt ihr in die Masse hinein, rührt alles nochmals durch und hebt dann den Eischnee darunter.

4 Die Teigmasse in die Muffinförmchen oder in eine eingefettete Muffinform füllen. Die Rumfrüchte gut abtropfen lassen und auf den Muffins verteilen.

5 Bei 170 Grad etwa 20 Minuten backen.

6 Mit Puderzucker bestreuen und noch warm servieren.

Tipp

Für weihnachtliche Backrezepte verwende ich meistens Mascobado-Zucker. Dieser nicht raffinierte Vollrohrzucker enthält noch alle im Zuckerrohr enthaltenen Mineralien und überzeugt durch einen ganz eigenen, sehr intensiven, fast malzigen Geschmack. Tannenspitzensirup oder Ahornsirup sind in der Weihnachtszeit ebenfalls tolle Süßungsmittel.

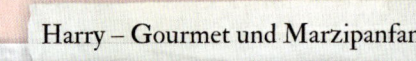

Harry – Gourmet und Marzipanfan

200 g Marzipan-Rohmasse

150 g Butter

2 Eier

100 g braunen Zucker

150 g Zwetschgen

1/2 TL Bourbonvanille

1 Prise Zimt

200 ml Rum

170 g Mehl

1 1/2 TL Backpulver

1 EL Puderzucker

WEIHNACHTSMARMELADE

Es gibt wohl kaum jemanden, der sich nicht über ein Glas selbstgemachte Marmelade freut. Noch dazu, wenn sie mit weihnachtlichen Gewürzen angereichert ist und schon am Morgen auf die Adventszeit einstimmt. Für Kollegen, Klavierlehrer, tolle Nachbarn, den Briefträger oder die vielen lieben Menschen, die uns über das Jahr begleiten – Weihnachtsmarmelade für alle!

500 g dunkle Beeren: Brombeeren, Schwarze Johannisbeeren, Heidelbeeren (Tiefkühlware auch möglich)

2 Äpfel

Abrieb von einer Bio-Orange

Saft von einer Bio-Orange

Zimt, Vanille, Pimentpulver, Nelkenpulver

Apfelpektin (15 g auf 100 g Flüssigkeit) oder Gelierzucker 2 : 1

wer Apfelpektin verwendet, benötigt noch 250 g Zucker

1 Die Beeren waschen und in den Einkochtopf geben. Die Äpfel schälen, entkernen, klein schneiden und zu den Beeren geben. Langsam zum Kochen bringen

2 Etwas Orangenschale abreiben und den Saft einer Orange zugeben.

3 Die Marmelade weihnachtlich würzen.

4 Gelierzucker oder Pektin und Zucker zugeben, entsprechend der Menge an Früchten oder der Flüssigkeit. Noch einmal kurz aufkochen.

5 In sterilisierte Gläser abfüllen.

MERCI

Julia und Martin – euer Blick und Gefühl für Farben und gute Gestaltung sind auf jeder Seite sichtbar. Danke für euren Einsatz!

Meine zauberhafte Lieblingstochter Marie – du bist meine schönste Inspiration. XOXO. Viele deiner Ideen und Umsetzungen sind in dieses Buch mit eingeflossen.

Tobias R. B. J., mein Stop-and-Go-Coordinator and big love, merci für deine unerschöpfliche und verlässliche Unterstützung.

Danke an den Silberburg-Verlag, der mich einfach hat machen lassen.

Ein Dankeschön an Frau Neubert vom Arbeitsamt Stuttgart, die an meine Geschäftsidee geglaubt hat.

Requisitenverleih: Ferm Living, www.de.fermliving.com; Miss Étoile, www.missetoile.de

Danke für das schöne Emaillegeschirr: Riess Emaillegeschirr, www.riess.at

Fertig mit kochen, knipsen, Bildbearbeitung, runterladen, texten – nun habe ich wieder Zeit zum Skypen mit Marlies, Kuchen essen mit Gabriele und Suse, Sushi mit Martina, Konzerte mit Harry, Federballspielen mit den Nachbarn, für das Käffchen mit Claudi, für die Sonne im Garten, Shopping mit Marie und Grillabende mit Heidi, Andreas, Steffi und Co.

REGISTER